Willy Brandt, Bruno Kreisky, Olof Palme
Briefe und Gespräche
1972 bis 1975

Willy Brandt, Bruno Kreisky, Olof Palme
Briefe und Gespräche
1972 bis 1975

Büchergilde Gutenberg Frankfurt am Main Wien Zürich

Alle Rechte vorbehalten
Für die Mitglieder der Büchergilde Gutenberg Frankfurt am Main
Wien Zürich genehmigte Ausgabe
© 1975 Europäische Verlagsanstalt, Frankfurt am Main – Köln
Der Band erschien in der von Günter Grass, Eberhard Jäckel und
Dieter Lattmann herausgegebenen Reihe ›Demokratischer Sozialismus
in Theorie und Praxis‹, Frankfurt am Main – Köln
Ausstattung Juergen Seuss, Niddatal bei Frankfurt am Main
Satz und Druck Poeschel & Schulz-Schomburgk, Eschwege/Werra
Bindearbeiten Klemme & Bleimund, Bielefeld
Printed in Germany 1976. ISBN 3 7632 1977 3

# Inhalt

Demokratischer Sozialismus in Theorie und Praxis    7

Willy Brandt   *Brief vom 17. Februar 1972*    13

Olof Palme   *Brief vom 17. März 1972*    21

Bruno Kreisky   *Brief vom 2. Mai 1972*    30

Willy Brandt   *Brief vom 17. September 1972*    39

Bruno Kreisky   *Brief vom 8. Mai 1973*    53

Olof Palme   *Brief vom 10. Mai 1973*    65

Willy Brandt   *Brief vom 30. Juli 1973*    76

Gespräch in Schlangenbad am 2. Dezember 1973    91

Olof Palme   *Brief vom 29. April 1974*    103

Willy Brandt   *Brief vom 19. Oktober 1974*    120

Bruno Kreisky   *Brief vom 15. April 1975*    128

Gespräch in Wien am 25. Mai 1975    136

# Demokratischer Sozialismus in Theorie und Praxis

Die wirtschaftlichen und sozialen Daten von gestern ergeben, rechnet man sie hoch, keine vernünftige Zukunft mehr. Die Wachstumseuphorie der fünfziger und sechziger Jahre ist vorüber. Die westlichen Industrieländer ringen um eine auch weiterhin prosperitätsfähige Wirtschaftsstruktur und begegnen angesichts dieser Aufgabe der Notwendigkeit nationaler und übernationaler Planung in einem gesamtverantwortlichen Maßstab, der im privaten Kapitalismus nicht vorgesehen ist. Die neue Investitionskraft ölproduzierender Entwicklungsländer und die Millionen Hungertode in der Vierten Welt stellen die Menschheit vor die globale soziale Frage des Jahrhunderts. In dieser Lage, die als grundsätzliche Herausforderung noch von zu wenigen Europäern begriffen wird, erhält die Idee des demokratischen Sozialismus eine neue Chance der schrittweisen Verwirklichung unter der Bedingung der Freiheit.
Als die Idee zur Herausgabe der Buchreihe ›Demokratischer Sozialismus in Theorie und Praxis‹ im Kreis der Sozialdemokratischen Wählerinitiative aufkam, herrschte in der Bundesrepublik das Klima mehrheitlicher Reformbereitschaft. Die Außerparlamentarische Opposition und der Sozialistische Deutsche Studentenbund, APO und SDS, hatten mit der moralischen Energie und intellektuellen Überzeugungskraft ihres Höhepunkts auch in sogenannten bürgerlichen Kreisen nachhaltigen Eindruck hinterlassen. Die Gesellschaft in der Bundesrepublik wurde liberaler. Die neue Linke formulierte ihr Theorieverlangen und provozierte den Dialog mit der älteren und mittleren Generation der Sozialdemokraten und sozialliberalen Wähler. Gut zu antworten, erforderte das Überdenken der eigenen theoretischen Grundlage für alle Beteiligten. Demokratie nahm sich nicht mehr selbstverständlich, sie wurde wieder zum Lernprozeß.
Inzwischen, da die ersten drei Bände der Serie vorliegen und weitere im Entstehen sind, stößt das Vorhaben der Heraus-

geber und ihrer Mitarbeiter auf die veränderte politische Landschaft der siebziger Jahre. Eine Art Gegenreformation findet in der Bundesrepublik einschließlich West-Berlin statt – angetrieben vom Pendelschlag der Zeitläufte. Vielerlei wirkt daran mit: konservative Anstrengungen und die Reaktion, die Energiepreiskrise und die weltweite Wirtschaftsflaute, aber auch Wirrnisse, eine Anzahl theoretischer Exzesse sowie Mängel und Fehler in der Kontinuität und Glaubwürdigkeit des politischen Charakters der Handlungen im Kreis der demokratischen Linken selbst. Der Neokonservatismus unter Gymnasiasten und Studenten – die jungen Arbeiter verhalten sich wieder einmal anders – konfrontiert die heutigen Jungsozialisten erstmals mit einer zahlenmäßig starken Gegenströmung Jüngerer, die teils opportunistisch, teils auf anspruchsvolle Weise damit gebrochen haben, daß jung und links identisch seien – wie das für oberflächliche Beobachter 1969 durchaus den Anschein hatte. Mittlerweile kerben sich die Juniorenmitglieder schlagender Verbindungen mit wiedererwachtem Eifer die Insignien einer, wie sie meinen, künftigen ›Elite‹ ins Gesicht.
Die Theorie des demokratischen Sozialismus muß sich um so nachdrücklicher und auf allgemeinverständliche Weise auf die politische Praxis ausrichten. Dazu möchte die mit dem Band ›Mut zur Verantwortung‹ von Willy Brandt, Bruno Kreisky und Olof Palme kompetent beginnende Reihe Beiträge in loser Folge und auf weitverzweigten Fachgebieten leisten: Von einer Bilanz sozialdemokratischer Theoriediskussion in der Gegenwart über Forschung und Technologie bis hin zu Problemen des internationalen Währungssystems und des Geldwerts, Verbraucherfragen oder Sozialpolitik als Mittel der Emanzipation der Frau. Die Serie ist offen für Anregungen und Diskussionsbeiträge der verschiedensten Art, sofern sie Theorie und Praxis des demokratischen Sozialismus verbinden oder sich mit dessen Gegner auseinandersetzen.
Von den Praktikern eine theoretische Konzeption zu verlangen, heißt sie innerhalb des parteilichen Zusammenhangs bei ihrem politischen Selbstverständnis nehmen. Es darf nicht ausbleiben, daß die conditio humana des Politiktreibens dabei eine aufschlußreiche Rolle spielt, denn die Personen, die Politik verantworten, werden in den Medien gewöhnlich allzu unpersön-

lich dargestellt – als seien nicht subjektive Konstellationen mitprägend für objektive Situationen.
»Der demokratische Sozialismus ist eine Freiheitsbewegung«, sagt Olof Palme. Diese wichtigste aller Voraussetzungen für demokratische Sozialisten wird vom rechten Flügel der Konservativen, vor allem aber von reaktionären Politikern und Meinungsmachern mit Demagogie ins Gegenteil verkehrt. Sozialdemokraten antworten auf die gängige Verzerrung ihrer historischen Leistung und ihres gegenwärtigen Wollens mitunter noch immer mit einem Mangel an demokratischem Machtbewußtsein und geistiger Souveränität. Das ist erklärlich aus geschichtlicher Erfahrung: Die SPD ist eine Partei, die von den Baustellen des Jahrhunderts herkommt – manchmal rieselt ihren Mitgliedern noch der Mörtel aus den Taschen. Diese Partei hat sich mehr als ein Jahrhundert in Opposition geübt. Sie war daran gewöhnt, ihre sozialen Ziele im gemeinsamen Kampf mit den Arbeitervereinen und deren Nachfolgern, den Gewerkschaften, Schritt um Schritt aus der Position der Minderheit heraus zu erstreiten. Aber es gibt keinen arbeitenden Menschen in Deutschland – außer er sei Angehöriger einer kleinen hochprivilegierten Schicht –, der nicht soziale und ökonomische Errungenschaften im persönlichen Dasein der politischen Arbeit von Generationen demokratischer Sozialisten verdankt. Es gibt keine Partei, die für die Gründung und Erhaltung einer sozialen Demokratie in Deutschland mehr und länger gearbeitet, gelitten und geleistet hat als die SPD. Keine Partei war entschiedener und ausdauernder im Widerstand gegen die Diktatur der Nationalsozialisten als die Sozialdemokraten in ihrem Verlangen nach Freiheit, das viele von ihnen in Konzentrationslagern und auf dem Weg in die erzwungene Emigration mit dem Leben bezahlten.
Angesichts dieser Tatsache entlarven sich alle Diffamierungen, mit denen Rechtskonservative und Reaktionäre die Idee des demokratischen Sozialismus in die Nähe von Unfreiheit, Vermassung und extremistischer Gewalt zu rücken trachten, als militante Verlogenheit. Zwischen den Systemen des privaten Kapitalismus, der die Demokratie – und damit das Grundgesetz der Bundesrepublik – unerfüllt läßt, und des totalitären Staatskapitalismus, der den Begriff Sozialismus kaum anders

pervertiert, als Hitler es mit dem Nationalsozialismus tat, lassen demokratische Sozialisten nicht ab von der Vorstellung und schrittweisen Verwirklichung des dritten Wegs: des konkreten Sozialismus der demokratischen Freiheit, Gerechtigkeit und Solidarität, dem keine geschlossene Ideologie oder gar Weltanschauung zugrunde liegt – vielmehr die vernünftige Gemeinsamkeit der einzelnen in ihrer Individualität.
Allerdings müssen Sozialdemokraten sich vorwerfen lassen, daß diese Zielvorstellung in ihren Auseinandersetzungen, Beschlüssen und Programmen in einigen Punkten recht vage blieb als ein ›Prinzip Hoffnung‹, wie auch Willy Brandt es immer wieder nennt. Auch das Godesberger Programm von 1959 schwankt zwischen den Bezeichnungen ›soziale Demokratie‹ und ›demokratischer Sozialismus‹ – beides sei ein und dasselbe, wird neuen Mitgliedern, die sich erkundigen, meist ohne weitere Differenzierung erklärt. Ob die Diskussion auf dem Mannheimer Parteitag Mitte November 1975 mit dem Blick auf den Bundestagswahlkampf 1976 zum Tagesordnungspunkt ›Orientierungsrahmen '85‹ die deutliche Übereinstimmung einer großen Mehrheit im Verständnis des Begriffs demokratischer Sozialismus ergibt, bleibt abzuwarten. In den hier vorliegenden Briefen und Gesprächen dreier maßgeblicher Sozialdemokraten, die alle drei auch Vorsitzende ihrer Parteien sind, gibt es wiederum ein Bündel von überzeugenden Definitionen, aber nicht einen abfragbaren Satz, den man als endgültige Erklärung des demokratischen Sozialismus hernehmen könnte.
Es handelt sich vielmehr um die Beschreibung eines Wegs in gemeinsamer Zielrichtung. In der Ferne tauchen Abzweigungen und Verästelungen auf, über die man offensichtlich erst zu entscheiden vermag, wenn man – am Teilziel angelangt – das Nächstliegende genauer überblicken kann. So gesehen sind Sozialdemokraten progressive Pragmatiker, die den Mund nicht zu voll nehmen und keine Doktrin für die alleinseligmachende halten. Auch die Generation der jungen Theoretiker, die ab 1965 SPD-Mitglieder wurden, nimmt mehr und mehr – nicht zuletzt unter den Zwängen sozialdemokratischer Regierungsverantwortung in der Koalition mit den Freien Demokraten, nach wie vor ohne entsprechende Mehrheit im Bundesrat – den ursprünglichen Charakter der Handlungen einer antirevolu-

tionären Reformpartei an. Damit wiederholt sich das Generationenerlebnis der Sozialdemokraten seit Gründung der SPD, seit dem Revisionismusstreit, den Trennungen und Wiedervereinigungen während des Ersten Weltkriegs und vor allem in der Weimarer Epoche. Wen dies abschreckt, wem dies als zuwenig erscheint oder wer darüber in Frustration versinkt, dem mangelt unter Umständen eine wesentliche Voraussetzung für das Realisieren politischer Vorstellungen: die energische Geduld, die Toleranz und Tatkraft vereint.

»Verantwortung muß sich auf Gewissen gründen«, notierte Willy Brandt in seinem Brief vom 17. September 1972 am Wochenende, bevor er als Kanzler die Vertrauensfrage mit dem Ziel der Auflösung des 6. Deutschen Bundestages stellte. Was daraus hervorging in vorgezogener Wahl, war der bisher größte Vertrauensbeweis der Deutschen für die Sozialdemokraten in der Jahrhundertgeschichte der SPD. Seitdem hat sich die Welt in der Weise verändert, daß die Aufgaben für den demokratischen Sozialismus vielerorts nur noch deutlicher und dringender geworden sind – und das keineswegs auf Europa beschränkt. In die neue Auseinandersetzung um die bestmögliche Politik für die Bundesrepublik 1976 und in den folgenden Jahren führen die SPD Helmut Schmidt als Bundeskanzler und Willy Brandt als Parteivorsitzender – das Team für eine neue Motivation.

August 1975                           Die Herausgeber

# Willy Brandt *Brief vom 17. Februar 1972*

Lieber Bruno, lieber Olof,

wir waren übereingekommen, unsere Meinungen über einige Grundsatzfragen sozialdemokratischer Politik auszutauschen und dabei die Problematik ›Parteiprogramme und Regierungspraxis‹ besonders im Auge zu haben.
Jeder von uns ist Regierungschef und Parteivorsitzender zugleich. Mehr oder weniger häufig müssen wir unsere praktische Politik an der Kritik derer messen, die eine stärkere grundsätzliche Orientierung wünschen. Mir ist solche Kritik in vielen Fällen nicht nur verständlich, sondern auch sympathisch, denn die tägliche Arbeit eines regierenden Sozialdemokraten kann die grundsätzliche Orientierung wohl nicht immer deutlich genug machen.
Mein Einstieg heute soll sich auf drei Themen beziehen: Grundwerte, Staatsverständnis, Politik für den Menschen.

*I. Bedarf es nicht einer neuen, vertiefenden Diskussion über die Grundwerte des demokratischen Sozialismus?*

Laßt mich über ein Stück eigener Erfahrung berichten: Ihr wißt, daß sich die SPD im November 1959 nach gründlicher Diskussion ihr Godesberger Programm gegeben hat. Dieses Programm hat sich bewährt, im Innern und nach außen; es hat mit dazu beigetragen, daß die deutsche Sozialdemokratie Vorurteile abgebaut hat, daß sie stärker wurde und die Führung der Bundesregierung übernehmen konnte. Aber kaum sind zwölf Jahre vergangen, und schon muß man feststellen, daß viele vom Godesberger Programm nicht mehr als Oberflächliches oder Klischeehaftes behalten oder erfahren haben. So stößt man nicht selten auf die banalisierte Version, in Godesberg habe die SPD – wohl mit dem Blick auf die Wähler – lediglich den Wunderglauben an die Sozialisierung über Bord geworfen, sich endlich zur Landesverteidigung bekannt und ihren Frieden mit den Kirchen geschlossen. Sie habe sich ideologiefrei gemacht und dem Pragmatismus verschrieben. Sie habe klargestellt, daß sie keine Weltanschauungspartei sein wolle. Das stimmt, wenn man nur gleich hinzufügt, daß wir natürlich nicht haben aufhören wollen, auch als Volkspartei eine Gesinnungsgemeinschaft zu sein.

Ich will jetzt nicht das Godesberger Programm insgesamt in die Diskussion einbeziehen, sondern mich auf seinen kurzen, aber gewichtigen Grundwerte-Teil konzentrieren. Wir haben dort gesagt, daß Sozialdemokraten oder – was dasselbe ist – demokratische Sozialisten eine Gesellschaft erstreben, »in der jeder Mensch seine Persönlichkeit in Freiheit entfalten und als dienendes Glied der Gemeinschaft verantwortlich am politischen, wirtschaftlichen und kulturellen Leben der Menschheit mitwirken kann«. Wir gingen davon aus, daß Freiheit und Gerechtigkeit einander bedingen. Grundwerte sozialistischen Wollens seien Freiheit, Gerechtigkeit und Solidarität, »die aus der gemeinsamen Verbundenheit folgende gegenseitige Verpflichtung«.

Weiter sagten wir, der demokratische Sozialismus – »der in Europa in christlicher Ethik, im Humanismus und in der klassischen Philosophie verwurzelt ist« – wolle keine letzten Wahrheiten verkünden. Und zwar »nicht aus Verständnislosigkeit und nicht aus Gleichgültigkeit gegenüber den Weltanschauungen oder religiösen Wahrheiten, sondern aus der Achtung vor den Glaubensentscheidungen des Menschen, über deren Inhalt weder eine politische Partei noch der Staat zu bestimmen haben«. Wir – die SPD – haben uns als die Partei der Freiheit des Geistes erklärt und als eine Gemeinschaft von Menschen, die aus verschiedenen Glaubens- und Denkrichtungen kommen: »Ihre Übereinstimmung beruht auf gemeinsamen sittlichen Grundwerten und gleichen politischen Zielen.« Und schließlich definierten wir den Sozialismus an dieser Stelle als »eine dauernde Aufgabe – Freiheit und Gerechtigkeit zu erkämpfen, sie zu bewahren und sich in ihnen zu bewähren«.

Nun, ich sehe nicht, was hieran änderungsbedürftig sein sollte. Ich würde gern sehen, daß dies meiner Partei wieder vorgeschlagen würde, wenn sie heute über ihr Programm zu beschließen hätte. Die Frage ist für mich nicht – aber dazu hätte ich gern Eure Meinung –, ob dies noch richtig ist, sondern ob es ausreicht. Das Begriffs-Trio – Freiheit, Gerechtigkeit (Gleichheit), Solidarität (Brüderlichkeit) – weist uns ja sehr deutlich als Erben der Aufklärung aus, und das ist keine Schande. Aber mir will scheinen, daß eine Weiterführung und Konkretisierung sich lohnen und daß dabei dem Begriff der Solidarität eine Schlüsselrolle zukommen könnte. Im vergangenen Sommer haben Willi Eichler – der wesentlich am Zustandekommen unseres Grundsatzprogrammes beteiligt war – und ich darüber gesprochen, daß die Grundwerte einmal deutlicher interpretiert und zum anderen – auch, damit sie als Maßstab für die Bewertung politischer Einzelentscheidungen kenntlich würden – härter in die Auseinandersetzung gebracht werden müßten. Eichler, inzwischen allzufrüh verstorben, hielt die weitere und vertiefte Klärung der Grundwerte vor allem auf drei Hauptgebieten für nötig:

*a)* In der Begründung des demokratischen Sozialismus in seinen Grundwerten;

*b)* bei deren innerer Verflechtung und mit ihrer allgemeinen begrifflichen Interpretation für die Anwendung in den politischen Entscheidungen der Partei;

*c)* in der Aufstellung konkreter Ziele der Partei, aus den Grundwerten als nötig begründet und ›pragmatisch‹, also zeitgerecht und politisch möglich, angesteuert.

Ich habe dem Vorstand meiner Partei vorgeschlagen – und seine Zustimmung dazu erhalten –, daß wir die hier skizzierte Aufgabe einem besonderen Arbeitskreis übertragen. Darüber, wie die Arbeit – die nicht unter Zeitdruck stehen soll und bei der zu berücksichtigen ist, daß wir 1973 Bundestagswahlen haben – angelegt werden wird, will ich Euch gern auf dem laufenden halten. Inzwischen würde es mich interessieren, ob es ähnliche Fragestellungen und ein entsprechendes Bedürfnis in Euren Parteien gibt. Und ob unsere Freunde hier voneinander profitieren könnten. Mir will es jedenfalls wichtig erscheinen, an den Grundwerten so zu arbeiten, daß sie als die ethische Verankerung unserer Politik und als die moralischen Triebkräfte unseres Handelns – gerade in der Regierungsverantwortung – stärker wirksam und sichtbar werden.

*II. Zur Rolle des Staates.*

In der Geschichte der Sozialdemokratie ist der Begriff der Freiheit dadurch eingeengt worden, daß man ihn häufig nur als das Ergebnis von Veränderungen ökonomischer Strukturen und politischer Institutionen gesehen hat. Heute wissen wir besser als früher, daß es dieser Veränderungen bedurfte und bedarf und daß Freiheit doch nie einfach wird ›konstatiert‹ werden können. Sie muß zwar ›organisiert‹, aber auch praktiziert und gelebt werden. Sie ist ein Angebot, leider nur eine Möglichkeit. Aber damit der Mensch frei sein kann, muß ihn unsere Politik so behandeln, als ob er von diesem Angebot Gebrauch machen wollte (und könnte). Eine Politik, die sich nicht dauernd um die Voraussetzungen bemüht, dem Mitbürger ein freies Menschsein mit seinen reichen Möglichkeiten zu schaffen und Verhältnisse zu ändern, die dem entgegenstehen, liegt für mich außerhalb der Gedankenwelt des demokratischen Sozialismus.
Nun sind wir alle, zumal wir deutschen Sozialdemokraten, gebrannte Kinder. Und deshalb haben wir im Godesberger Programm einen so eindeutigen Zusammenhang zwischen der Freiheit, den Rechten und der Gewissensentscheidung des einzelnen hergestellt. Es heißt dort: »Das Leben des Menschen, seine Würde und sein Gewissen sind dem Staat vorgegeben... Der Staat soll Vorbedingungen dafür schaffen, daß der einzelne sich in freier Selbstverantwortung und gesellschaftlicher Verpflichtung entfalten kann.« Und an anderer Stelle heißt es, die Demokratie müsse »die allgemeine Staats- und Lebensordnung werden, weil sie allein Ausdruck des Menschen und seiner Eigenverantwortung ist«.
Wenn ich diese nach wie vor gültigen Sätze erneut lese, so scheint mir darin doch das wechselseitige Verhältnis zwischen Staat und Bürger etwas zu kurz zu kommen. In der Tat ist es doch wohl so, daß im Denken mancher unserer Freunde – und nicht nur bei Kritikern dessen, was man in der Regierung zuwege bringen kann – ein Staatsverständnis mitklingt, das sich aus den Erfahrungen mehrerer Generationen von Sozialdemokraten ergeben hat – in Schweden verständlicherweise weniger ausgeprägt als in Österreich und in Deutschland. Die Sozialdemokraten haben es sich mit ihrem Verhältnis zum Staat nicht

leichtgemacht, und es ist ihnen ja wahrhaftig auch nicht leichtgemacht worden.
Aber daraus ist doch gegenüber dem Staat eine vielfach noch abwehrende oder nur fordernde Haltung geworden, die den heutigen Möglichkeiten und Notwendigkeiten nicht gerecht wird. Ich meine, wir brauchen eine neu durchdachte Einstellung zu jenem Staat, von dem viele erwarten, daß er seine Bürger buchstäblich von der Wiege bis zum Grabe in Obhut nimmt. Der für all das zu sorgen hat, was wir jetzt die Qualität des Lebens nennen. Und der ständig umfassendere Aufgaben übernehmen muß, wenn die Gesellschaft existenzfähig bleiben soll.
Über den Durchbruch der politischen Demokratie und den zunehmenden Einfluß auf das wirtschaftliche Geschehen hinaus sind, zumal durch die Gesellschaftspolitik, Veränderungen eingetreten, die dem modernen Staat neue Dimensionen und Qualitäten geben.
Mit schlechtem Gewissen in Sachen Staat läßt sich keine gute Politik machen. Sozialdemokraten müssen ein unverkrampftes, unbefangenes Verhältnis zur staatlichen Macht haben. Bruno Kreisky hat ja einmal darauf hingewiesen, wie wichtig es sei, daß Macht nicht nur kontrolliert, sondern daß sie vor allem auch moralisch determiniert ist.
Gustav Heinemann, unser Bundespräsident, hat vor einiger Zeit die einfache Formel geprägt, der Staat seien »wir alle und jeder einzelne von uns selbst«. Ich meine, wir müssen den zivilisierten demokratischen Staat verstehen als die organisierte Rechtsgemeinschaft des Volkes, mit dem Auftrag, für Sicherheit, Freiheit und Gerechtigkeit zu sorgen. Und wir müssen Hemmungen und Verkrampfungen auf diesem Gebiet auch mit dem Hinweis darauf zu überwinden suchen, daß es ja gerade einer der historischen Aufträge der Arbeiterbewegung gewesen ist, Millionen von Außenseitern der Gesellschaft zu gleichberechtigten Staatsbürgern zu machen.
Auf unserem außerordentlichen Parteitag in Bonn im November 1971 habe ich mich mit dem Staatsverständnis befaßt. Daran anknüpfend, möchte ich einige Thesen formulieren und in unsere Diskussion einbeziehen:
*1.* So, wie die Welt nun einmal ist – so, wie wir Menschen nun einmal sind –, kann sich auch der demokratische Staat nicht

ohne Machtstruktur organisieren. Er muß hoheitliche Befugnisse ausüben und gegebenenfalls Machtmittel einsetzen, um den Frieden im Lande zu sichern, die Rechtsordnung zu verteidigen, Kriminalität zu bekämpfen.

2. Von Grenzsituationen, wie Notwehr, abgesehen, ist jedoch nur der Staat mit seinen Organen zur Ausübung von Gewalt befugt, niemand sonst. Sozialdemokraten stehen auf der Seite der Mitbürger, die in Sicherheit leben wollen.

3. Unser Staat – wachsam und kämpferisch gegenüber den Feinden der Demokratie – braucht jene Autorität, die auf Überzeugung und Konsensus beruht, die durch Wahl und Ernennung verliehen wird, die Rechenschaft geben muß und die widerruflich ist. Es muß sich um eine Autorität handeln, die sich auch durch moralische Qualifikation und geistige Redlichkeit zu legitimieren hat.

4. Unter den Bedingungen der modernen Industriegesellschaft kann Demokratie nicht von einer grundsätzlichen Trennung zwischen Staat und Gesellschaft ausgehen. Wir verstehen Demokratie als ein umfassendes Prinzip, das allerdings in verschiedenen Bereichen einer unterschiedlichen Ausformung bedarf. (Richard Löwenthal hat in der Festschrift zu Alfred Naus 65. Geburtstag bemerkenswert Kritisches über ›Demokratie und Leistung‹ ausgeführt.) Wer Demokratie grundsätzlich nicht ausdehnen will, trägt dazu bei, daß sie schrumpft.

5. Die aus Wahlen hervorgegangenen zentralen demokratischen Organe dürfen nicht zum Spielball mächtiger Interessengruppen werden. Oder anders ausgedrückt: Gerade wer die freiheitlichen Funktionen des Pluralismus will, der kann eine ständische Atomisierung der Staatsgewalt nicht zulassen. Das gewählte Parlament muß das letzte Wort behalten.

6. Forderungen an den Staat und die Gesellschaft müssen in ein angemessenes Verhältnis zu dem gebracht werden, was man Staat und Gesellschaft schuldig ist. ›Mehr Demokratie wagen‹ heißt auch, mehr Mitverantwortung tragen. Wir brauchen auch Gegengewichte gegen jene Zügellosigkeit, die sich bei der rücksichtslosen Vertretung von Gruppeninteressen bemerkbar macht.

Ich weiß wohl, daß zu diesem Thema mehr zu sagen wäre, aber für heute möchte ich es bei diesen Hinweisen belassen.

*III. Wie machen wir noch deutlicher, was ›Politik für den Menschen‹ ist?*

Auch dieses Thema kann ich heute nur andeuten. Wenn ich es anschneide, so natürlich nicht nur wegen des ›Verkaufens‹ der Politik, das wir gewiß nicht unterschätzen sollten, sondern vor allem auch wegen der eigenen Absicherung gegenüber kalter Dogmatik einerseits und blutleerer Technokratie auf der anderen Seite. Ich habe den Eindruck, daß unsere rechten Gegner, die inhaltlich weniger zu bieten haben, es zuweilen besser verstehen, eine Identifikation mit den Wünschen und Interessen vieler einzelner zu erzielen. Andererseits dürfen wir die Frage nach dem Sinn und dem Ergebnis der Politik für den einzelnen Menschen schon deshalb nicht vernachlässigen, weil ihre richtige Beantwortung den fundamentalen Unterschied zwischen uns und den Kommunisten deutlich macht.
Im Sommer vergangenen Jahres habe ich in einer Rede vor dem Politischen Klub der Evangelischen Akademie Tutzing von vornherein eingeräumt, daß sich derjenige einige Skepsis gefallen lassen müsse, der versichere, es gehe ihm in der Politik nur um den Menschen. Allzu viele in allen Teilen der Welt brauchten solche Floskeln als Öl zum Salat, ohne daß sich dadurch an der Qualität des Salats viel ändere. – Man steht sofort vor der Frage, was denn für den Menschen ›gut‹ ist und wer darüber entscheidet. Und wir vertreten ja gerade nicht eine Ideologie, die dies so genau zu wissen meint, daß ihre Träger sich berechtigt fühlen, die Menschen zu einem Glück zu zwingen, das andere für sie ausgedacht haben. Sondern wir lassen uns von der Überzeugung leiten, daß die freie Diskussion die beste Chance bietet, herauszufinden, was für die Menschen gut ist.
In jener Tutzinger Rede habe ich versucht, unsere praktische Politik und unsere Reformvorhaben an den Grundbedürfnissen der Menschen zu erläutern: nach materiellem Wohlergehen, einschließlich Wohnung, nach Gesundheit, nach Sicherheit, schließlich nach Mitwirkung und Mitbestimmung, was ja nichts anderes heißt als Subjekt, nicht Objekt des wirtschaftlichen und gesellschaftlichen Prozesses zu sein. Ich habe die Rolle der Frau in der heutigen Gesellschaft in diese Betrachtung ebenso einbe-

zogen wie das, was Bloch und moderne Theologen gleichermaßen ›das Prinzip Hoffnung‹ nennen.

Ich würde empfehlen, diesen Ansatz auch in die Erörterung darüber einzuführen, wie die Diskussion um systemüberwindende oder ›bloß‹ systemverbessernde Reformen einzustufen ist. Ich halte dies für eine künstliche Differenzierung, denn es kann ernsthaft nicht bestritten werden, daß jede den Freiheitsraum erweiternde Reform auch ein Element der Systemveränderung enthält. Olof Palme hat kürzlich in seinem Interview mit dem deutschen Fernsehen ja sehr klar darauf hingewiesen, selbst jene, die Revolution machen wollen, müßten wissen, daß sie sich am Tage danach als Reformisten oder Reformer zu betätigen hätten. Auch bei nicht extrem denkenden Jüngeren – und bei einem Teil traditioneller Sozialdemokraten – ist noch oder wieder die Vorstellung anzutreffen, man könne am Tage der Regierungsübernahme gewissermaßen alles umkrempeln oder alles auf einmal anpacken.

Vielleicht nimmt Olof Palme diesen Faden wieder auf?

Herzliche Grüße W. B.

# Olof Palme *Brief vom 17. März 1972*

Lieber Willy, lieber Bruno!

Eine Diskussion über Regierungspraxis und Parteiprogramm erhält ihr besonderes Interesse dadurch, daß die Sozialdemokratie mehr ist als eine Partei, der es obliegt, die Gesellschaft zu verwalten. Unsere Aufgabe ist es vielmehr, sie zu verändern. Durch unsere ganze Geschichte zieht sich eine intensiv ideologische Diskussion über langfristige Zielsetzungen. Wir haben immer mit der Spannung zwischen dem derzeit Möglichen und unseren Zielvorstellungen für die Zukunft gelebt.

Der unmittelbare Anlaß, weshalb ich gerade jetzt das Bedürfnis empfinde, diese Diskussion zu führen, ist jedoch mein Eindruck, daß der demokratische Sozialismus einer Herausforderung gegenübersteht. Kennzeichnend für die derzeitige Gesellschaftsentwicklung sind Konfrontationen, die bei den Menschen Unruhe und Unsicherheit auslösen, sowohl in bezug auf Probleme des Alltags als auch im Hinblick auf Fragen der ferneren Zukunft.

Es besteht kein Zweifel daran, daß die Gesellschaft heute mehr ›politisiert‹ ist als in der Nachkriegszeit. Das Bewußtsein der Menschen hat sich geschärft, für unsere eigenen grundlegenden Probleme ebenso wie für Fragen, die die gesamte Menschheit angehen. Aber gleichzeitig stellt man eine ›apolitische‹ Tendenz fest, eine Verachtung der Politik, politischer Arbeit und repräsentativer Demokratie. Diese Einstellung machen sich unsere Gegner rechts und links zunutze. So wird von verschiedenen Seiten behauptet, wir beschäftigen uns im Parlament und in politischen Verbänden nur mit unwesentlichen Dingen. Man beschuldigt die Politiker, für den Fortbestand der Menschheit fundamentale Fragen – wie Bevölkerungszuwachs, Entwicklung der Technologie, Umweltzerstörung – zu vernachlässigen oder eine klare Stellungnahme zu vermeiden. Gleichzeitig werden offensichtlich auch ganz andere und näherliegende Probleme als ungelöst empfunden – zum Beispiel Preissteigerungen, Berufsaussichten, Lebensstandard, Sicherung der Familie, Beschäftigungsmöglichkeiten in Abwanderungsgebieten. Es gibt Forderungen, die eine Einschränkung des Wirtschaftswachstums beinhalten, und daneben andere, deren Erfüllung wirtschaftliche Expansion voraussetzt.

Die meisten stimmen wohl darin überein, daß im Krankheitsfall für Pflege gesorgt sein muß, und daß Minderbemittelte dabei nicht schlechtergestellt werden dürfen. Ebenso selbstverständlich finden wir es, daß die Ausbildungschancen eines Kindes oder Jugendlichen nicht vom Einkommen der Eltern abhängen sollten.

Sind wir aber in dieser Hinsicht gleicher Meinung, müßten wir uns auch einig darin sein, daß wir uns damit verpflichtet haben, Opfer für eine Politik der Solidarität zu bringen. Wir erleben heute, wie die Menschen immer größere Ansprüche an die Gesellschaft stellen. Diese Forderungen sind berechtigt. Es geht ja um vernünftige Dinge, die mehr Sicherheit und mehr Gleichberechtigung gewährleisten. Aber gleichzeitig fällt es schwer, klarzumachen, daß der Gesellschaft die Mittel gegeben werden müssen, die sie benötigt, um ihre Verpflichtungen erfüllen zu können. Es ist Aufgabe der Demokratie und des Sozialismus, diese verschiedenen und teilweise gegensätzlichen Ansprüche deckungsgleich zu machen, und zwar durch eine konstruktive Politik ebenso wie durch einen demokratischen Prozeß, der den Menschen eine größere Perspektive gibt und die Probleme von heute mit denen der Zukunft verbindet.

Der demokratische Sozialismus ist eine Freiheitsbewegung. Das Streben der Arbeiterklasse nach Befreiung fand seinen organisatorischen Ausdruck in der Arbeiterbewegung. Diese Bestrebung hatte mehrere Aspekte. Vor allem ging es darum, die Produktion zu steigern, sie effektiver zu gestalten und sie anders zu organisieren. Ebenso wichtig war es, eine gerechtere Verteilung des Sozialprodukts zu erreichen: durch Steuerpolitik, durch die Gesetzgebung, durch sozialpolitische Maßnahmen für die Sicherheit und Gleichberechtigung aller Staatsbürger.

Aber die Freiheitsbestrebungen führten noch weiter. Die Arbeiterklasse wollte sich von der Unterdrückung befreien, die die Kapitalisten in der Industrie mit Hilfe ihrer wirtschaftlichen

Macht ausübten. Die Demokratie in allen Bereichen der Gesellschaft zu verwirklichen, Machtausübung durch demokratische Arbeitsformen und demokratische Gemeinschaft zu ersetzen, war und bleibt Kernstück des demokratischen Sozialismus.
Die konservativen Parteien sind zwar bereit, ein Stück dieses Weges mitzugehen. Aber da sich jede ihrer Stellungnahmen auf eine liberal-kapitalistische Ideologie gründet, ist ihr Wille und ihre Möglichkeit, in das Wirtschaftsleben einzugreifen, begrenzt, auch wenn Vollbeschäftigung und Sicherheit der Bürger solche Eingriffe erfordern würden.
Das Streben des demokratischen Sozialismus nach Demokratie in allen Gesellschaftsbereichen bedeutet, daß wir, im Gegensatz zum Konservatismus, ein positives und optimistisches Menschenbild vertreten. Der Konservatismus sieht den Menschen als ein Geschöpf, das auf verschiedene Art und Weise von einer Elite von Machthabern, von der Hierarchie der Klassengesellschaft kontrolliert werden muß. Die wirtschaftliche und soziale Schichtung wird als Mittel benutzt, diese Kontrolle auszuüben. Nach unserer Auffassung führt dies zu einer Verengung des Menschen, begrenzt seine Möglichkeiten zur Selbstverwirklichung und verhindert, daß eine wirkliche Gemeinschaft in der Gesellschaft entsteht und sich vertieft. Natürlich ist der demokratische Sozialismus zugleich eine Ideologie, die Forderungen stellt. Sie verlangt, daß die eigene Verantwortung erweitert wird und das Gemeinwohl, das Gemeinsame in den Vordergrund gerückt werden. Sie stellt große Ansprüche an die Solidarität. Aber nur dadurch kann der Mensch sein Schicksal selbst in die Hand nehmen, seine eigene Zukunft aufbauen. Andernfalls muß er zusehen, wie diese Zukunft von anonymen Kräften, von Technokraten oder wirtschaftlichen Machtstrukturen gestaltet wird.
Wir Sozialdemokraten müssen formulieren, worin die Aufgabe des demokratischen Sozialismus liegt. Gelingt uns das nicht, verliert unsere Gesellschaft die einzig mögliche politische Alternative zum Konservatismus und Kapitalismus. Ich glaube, daß die Diskussion, die aufzugreifen Willy Brandt mich bittet, mit dem Begriff Demokratie und mit der Fragestellung ›Reformismus oder Revolution, systemverändernde oder systemverbessernde Reformen‹ beginnen muß.

Demokratie und Sozialismus sind für uns untrennbar. Unsere Parteien haben früh ihren Weg gewählt, und wir besitzen eine lange Tradition, aus der wir schöpfen können. Ich halte es jedoch für unerläßlich, immer wieder an die grundlegende Haltung der Arbeiterbewegung und an die Bedingungen, unter denen die Wahl getroffen wurde, zu erinnern. Wir glauben vielleicht, daß die Demokratie ein für allemal verwirklicht ist. Die bewegte Debatte, die wir in den letzten Jahren erlebten, zeigt jedoch, daß Bedeutung und Forderungen der Demokratie und des Reformismus jeder neuen Generation klargemacht werden müssen. Die Geschichte der schwedischen Arbeiterbewegung ist vom Kampf für die Demokratie, vom unerschütterlichen Festhalten an ihr gekennzeichnet. Ihre Ausgangssituation war die gleiche wie die der organisierten Arbeiterbewegung in anderen Ländern.
Ein rauhes soziales Klima prägte den Alltag der Menschen. Die Arbeiterbewegung hatte eine Weltanschauung, mit deren Hilfe sich die herrschenden Verhältnisse erklären ließen und die den Weg zu einem besseren Gesellschaftssystem aufzeigte.
Protest allein genügte nicht. Daher schuf man eine Organisation, die diese Veränderung bewerkstelligen sollte. Soweit war man sich einig. Aber die Meinungsverschiedenheiten über den Weg waren groß. Es gab Gruppen, die mit dem totalen Zusammenbruch der Gesellschaft rechneten und aktiv dazu beitragen wollten. Die Revolution sollte ihnen zur Macht verhelfen, um dann auf den Trümmern der alten eine neue Gesellschaft zu errichten.
Andere wollten die Gesellschaft mit friedlichen Mitteln verändern. Man sprach von Geduld und Verantwortung, agitierte aber gleichzeitig für Veränderung, für Entschlossenheit und Festigkeit in der Zielsetzung. Daß man sich für den Weg des Reformismus entschied, lag zum Teil in den historischen Traditionen und in den tatsächlichen Gegebenheiten begründet. So hatte die allgemeine Volksbildung bessere Voraussetzungen für demokratische Arbeit geschaffen.
In Schweden spielten die demokratischen Volksbewegungen eine entscheidende Rolle. Wir hatten Zeit, eine demokratische Tradition aufzubauen, und wir hatten Erfolg damit.
Diese Erfahrung hat unsere Einstellung zur revolutionären Ge-

walt geprägt. Wir sind natürlich bereit einzuräumen, daß es Situationen gibt, in denen Gewalt als letzter, verzweifelter Ausweg zu betrachten ist. Viele Staaten haben ihre nationale Befreiung auf diese Weise erlangt. Aber selbst im Kampf gegen Fremdherrschaft hat man die Gewalt als letzten Ausweg angesehen, oft erst nach jahrelangen Versuchen, mit Worten und Argumenten zu überzeugen, weil man eben Gewalt vermeiden wollte. Man erkannte auch ohne jede Illusion, daß ein Kampf ungeheure Opfer kosten, unheilbare Wunden aufreißen würde, daß man vielleicht eine ganze Generation dabei opfern müßte. Ich habe Staaten besucht, die lange mit Waffengewalt für ihre Befreiung kämpfen mußten. Wer an einer Revolution teilgenommen hat, romantisiert sie nicht. Zu den Waffen hat man nicht um des Kampfes willen gegriffen, sondern weil man Voraussetzungen für den Aufbau schaffen wollte. Denn am Tag nach der Revolution beginnt die Arbeit des Alltags.
Interessant ist, daß in vielen Ländern der Dritten Welt nach Wegen gesucht wird, demokratische Prozesse in diese Aufbauarbeit einzuführen. Wir können ja nicht erwarten, daß Länder, die nicht unsere demokratische Tradition besitzen, die koloniale Unterdrückung und blutige Diktaturen erlebt haben und in denen die Bevölkerung in tiefster Armut lebt, sich plötzlich zu Demokratien in unserem Sinne entwickeln. Vielmehr müssen wir die Bestrebungen, den Massen Einfluß auf das System zu gewähren, als positiv betrachten.
Für uns besteht eine Trennungslinie jenen gegenüber, die die Gewalt romantisieren, für die sie ein willkommenes Mittel im politischen Kampf ist.
Gewaltakte – in Wort und Tat – sind Ausdruck einer revolutionären Putschtaktik von Minderheiten.
Jene, die in den Industrieländern Westeuropas revolutionäre Gewalt als notwendiges Mittel zur Umgestaltung der Gesellschaft befürworteten, haben fast ausnahmslos elitäre Ansichten vertreten, ob sie sich nun Kommunisten oder Anarchisten nannten. Sie waren und sind der Auffassung, daß die Arbeiterklasse von einer hart geschulten Elitepartei mit sorgfältig ausgewählten Mitgliedern vertreten werden solle. Das entspricht nicht etwa dem Wunsch der Arbeiter, sondern sie maßen sich diese Rolle an, weil sie aufgrund ihrer Kenntnis des Marxismus-

Leninismus meinen, über ein sehr viel größeres Wissen zu verfügen.

Hier stoßen wir wieder auf die Trennungslinie. Die Sozialdemokratie ist keine elitäre Partei und ist es nie gewesen. Wir sind und bleiben eine Volksbewegung. Die Veränderung der Gesellschaft muß mit dem Einverständnis der größtmöglichen Anzahl von Menschen erfolgen. Dieser Gedanke ist im Sozialismus tief verwurzelt. Das aktive Engagement der Menschen für die Demokratie hat einen Eigenwert. Nichts bewerten wir so hoch wie die Leistungen, an denen wir selber mitgewirkt haben. Die Zukunft von einem Despoten oder einer vermeintlich aufgeklärten Elite gestalten zu lassen, ist nicht besser, als wenn dies durch anonyme Kräfte geschieht.

Es war für mich immer schwer verständlich, warum Elitedenker und Anhänger von revolutionärer Gewalt sich als Träger einer sozialistischen und marxistischen Tradition, die ihre Wurzeln in Westeuropa und in dessen Humanismus hat, haben bezeichnen können. Da sie ihren Anspruch, die Arbeiterklasse zu vertreten, mit ihrem besseren Verständnis und ihrer größeren Kenntnis der ›wahren‹ Lehrinhalte von Marx und insbesondere Lenin begründeten, wetteiferten die Gruppen darum, bessere Exegeten zu sein als die anderen. Das führte zu Spaltung und Sektenbildung.

In einem Artikel hat Professor Robert Heilbroner kürzlich auf die Tendenz gewisser Marxisten hingewiesen, Philosophie in Theologie zu verwandeln und alle anderen als die von ihnen selber befürworteten Wege überheblich zu verwerfen. So wird Marxismus zum Dogma.

Aus dieser Einstellung folgt, daß alle durchgeführten Reformen verworfen werden. Der Grund für diese Ablehnung ist jedoch nicht in der tatsächlichen Bedeutung der Reformen für die Gesellschaft oder für den einzelnen zu suchen. Er liegt vielmehr darin, daß die Reformen von Reformisten, von demokratischen Sozialisten, durchgeführt werden, für die sie von vornherein nur systemverbessernde Qualität haben. Denn das einzige, was das System verändern könnte, ist dessen völlige Beseitigung. Was nach der Revolution kommt, wird außer acht gelassen. Robert Heilbroner nennt das, sich der Revolution als ›Erlösung des Augenblicks‹ zu bedienen.

Die Demokratie, die Volksbewegung auf breiter Ebene, der Reformismus hängen zusammen und bedingen einander wechselseitig. Wir haben diese Ideen nach allen Richtungen verteidigt. Die Treue zur Demokratie, der Respekt vor gesetzlich begründeter Ordnung, die Ablehnung von Gewalt als politischem Kampfmittel, die Forderung, daß die Politik in einer Diskussion auf breiter Ebene gestaltet werden soll – all dies haben die Menschen in Schweden als etwas erlebt, das ihnen Sicherheit bietet. Sie wissen, daß man sich in diesen für die Gesellschaft entscheidenden Fragen auf die Sozialdemokratie verlassen kann.

Unser Ziel ist es, den Demokratisierungsprozeß auf immer neue Bereiche auszudehnen. Das darf aber nicht dazu führen, daß wir dabei unsere Verpflichtung gegenüber der Demokratie auch nur einen Augenblick vergessen. Zu bewahren, was man sich an Demokratie erkämpft hat, ist eine Voraussetzung dafür, daß das Wirkungsfeld der Demokratie auf andere Teile des gesellschaftlichen Lebens erweitert werden kann.

Die Anhänger der Revolution in unserer Gesellschaft haben sich in den vergangenen Jahren in immer mehr und immer kleinere Sekten gespalten, in denen sie ihre inneren Fehden um die ›reine Lehre‹ austragen. Wir haben keine Zeit für revolutionäre Traumtänzerei. Denn wir haben viel zuviel zu tun, um die Gesellschaft zu verbessern. Wir können uns keine opportunistischen Spiele mit der Gewalt leisten, weder in Worten noch in Taten. Uns geht es vor allem darum, die Sicherheit der Menschen und ihr Vertrauen in friedliches Zusammenleben und demokratisch getroffene Entscheidungen zu schützen.

Doch während die Demokratie Sicherheit bedeutet, ist sie in sich auch eine systemverändernde Kraft. Wenn sie einmal Wurzeln geschlagen hat, gibt es keinen Weg zurück. Es stellt sich vielmehr die Frage: Weshalb sollen gewisse Gebiete der Gesellschaft demokratischer Transparenz und demokratischer Kontrolle verschlossen bleiben? Wie soll die Demokratie erweitert werden und zu neuen Formen finden?

Wer demokratische Arbeit ablehnt, verliert letztlich die Chance, die Gesellschaftsentwicklung auf das Engagement und das Vertrauen des Volkes zu gründen und die Möglichkeiten der Demokratie als systemverändernder Kraft zu nutzen. Damit bezeugt man zudem Gleichgültigkeit gegenüber den Problemen der Durchschnittsbürger. Wir leben in einem Kulturkreis, dessen Tradition von Ideen und ethischen Werten bestimmt ist. Der demokratische Sozialismus ist in Europa, wie Willy Brandt aus dem Godesberger Programm zitiert, »in christlicher Ethik, im Humanismus und in der klassischen Philosophie verwurzelt«. Diese Tradition ist bei uns tief verankert.

Aber was der Mensch in erster Linie erlebt, sind die Probleme des Alltags. Eine abstrakte Idee allein ist für ein Engagement nicht ausreichend. Der Zusammenhang zwischen Ideen und praktischen Fragen muß geklärt werden. Man muß Wege weisen, wie man sie lösen kann. Ein armes Entwicklungsland erstrebt seine Selbständigkeit nach Jahren der Kolonialherrschaft. Weshalb kann das Volk für das Prinzip der nationalen Unabhängigkeit gewonnen werden? Weil es daraus die praktische Möglichkeit ableitet, die Gesellschaft aufzubauen und sich von der Armut zu befreien. Es reicht nicht, zu sagen: Wir müssen das System verändern. Jedes Bestreben in dieser Richtung muß mit der Lösung der Probleme der Menschen, mit ihrem Bedürfnis nach Sicherheit, Fortschritt und Entwicklung verbunden und begründet werden.

Das hängt mit unserem Bemühen um eine Gesamtschau zusammen. Der Sozialismus stellt als politische Ideologie und Philosophie hohe intellektuelle Ansprüche. Er ist aber zugleich auch ungemein praktisch. Die Verbindung zwischen der schwierigen Theorie und der praktischen Arbeit können wir durch die demokratische Diskussion auf breiter Ebene erreichen. In den dreißiger Jahren gelang es der schwedischen Sozialdemokratie, diese Gesamtschau bei der Lösung der Beschäftigungskrise in die Praxis umzusetzen. Dadurch wurde der Grund gelegt für den Einsatz unserer Partei bei der Umgestaltung der Gesellschaft.

Die Arbeitslosigkeit der dreißiger Jahre war nicht nur ein wirtschaftliches Problem, sondern zugleich eine Krise der Demokratie. Die Demokratie muß soziale Tatkraft zeigen. Aber das liberale Demokratieverständnis bedeutete auch eine Begrenzung. Danach sollte der demokratische Staat nicht in die Marktwirtschaft eingreifen, um Arbeit und Sicherheit für seine Bürger zu gewährleisten. Die durchgeführte Lösung bedeutete in der Praxis, daß sich die Demokratie aus dieser Einschränkung befreite. Wir stehen jetzt wieder vor der gleichen Problematik.

Die Einkommensunterschiede drohen sich zu vergrößern. Ein ungeheurer Umsiedlungsprozeß der Bevölkerung, eine Konzentration von Kapital und Menschen sind im Gange. Arbeitnehmer verlieren ihre Beschäftigung. Unsere Umwelt wird von zunehmender Zerstörung bedroht. Das sind einschneidende Probleme im Alltag der Menschen, die leicht ein Gefühl von Unsicherheit der Zukunft gegenüber auslösen. Falls die Demokratie sie nicht bewältigen kann, besteht die Gefahr der Anarchie, die Gefahr, daß sich elitäres Bewußtsein entwickelt oder antidemokratische Kräfte die Macht an sich reißen.

Es gilt, die Demokratie an der Basis zu beleben und zu erneuern. Die demokratische Entscheidungsstruktur, die sich am Alltag der Menschen orientiert, läuft Gefahr zu verfallen: infolge des technischen Wandels, der wirtschaftlichen Konzentration, der raschen Bevölkerungsumsiedlung und der schwierigen administrativen Prozesse. Die Entwicklung der industriellen Demokratie wird somit zur Kernfrage.

Die Demokratie muß auch auf nationaler Ebene auf neue Gebiete ausgedehnt werden. Die technischen und wirtschaftlichen Kräfte sind für die Gestaltung der Zukunft entscheidend. Wollen die Menschen dies selber übernehmen, so müssen diese Kräfte demokratisch gesteuert und kontrolliert werden. Das bedeutet, daß wir mit mehr Planwirtschaft zu rechnen haben. Als Beispiel sei erwähnt, daß wir in Schweden zur Zeit einen Plan ausarbeiten, wie der gesamte Grund und Boden des Landes genutzt werden soll.

Meiner Meinung nach kann die Marktwirtschaft für diese Probleme keine Lösung bieten. Wir stehen vor Aufgaben, die für die Entwicklung der Gesellschaft von größter Bedeutung sind. Die zu treffenden Entscheidungen können nicht privatwirtschaftlichen Interessen überlassen werden. Wir können nicht zulassen, daß Gewinnstreben und Konkurrenzdenken über die Gestaltung der Umwelt, über die Sicherheit der Arbeitsplätze oder über die technische Entwicklung entscheiden. Es geht nicht um Planwirtschaft und mehr Demokratie im Wirtschaftsleben, sondern darum, wie diese Planwirtschaft aufgebaut und wie der demokratische Einfluß organisiert werden soll.

Herzliche Grüße O. P.

# Bruno Kreisky *Brief vom 2. Mai 1972*

Lieber Willy, lieber Olof!

Zum ersten Fragenkomplex in unserem Meinungsaustausch über Grundsatzfragen sozialdemokratischer Politik möchte ich Euch heute meinen Beitrag übermitteln.
Es scheint mir für die Sozialdemokraten der Gegenwart kennzeichnend zu sein, daß sie von einem bemerkenswerten Mut zur Verantwortung erfüllt sind. Nicht der Macht ›an sich‹ wegen, sondern aus dem Bewußtsein, daß die Verantwortung zur Verwirklichung der Ideen der Sozialdemokratie in dieser Phase der Entwicklung unserer Gesellschaft geradezu ein historischer Auftrag ist.
So wurde die sozialdemokratische Minderheitsregierung in Österreich nicht zu dem Zweck gebildet, ein kurzfristiges, durch das Scheitern der Regierungsverhandlungen entstandenes Vakuum auszufüllen. Wie wenig wir die Minderheitsregierung als Verlegenheitslösung ansahen, läßt sich an der Regierungserklärung erkennen, die in einem weit ausholenden *grand design* die Grundsätze sozialdemokratischer Regierungstätigkeit unter den gegebenen politischen Verhältnissen darstellte. Der österreichischen Öffentlichkeit sollte die Lust der SPÖ, Verantwortung zu tragen, demonstriert werden; es herrschte damals zum geringen Teil Furcht, zum größeren Teil Überraschung. Den eigenen Parteifreunden wiederum wollten wir mit unserer Regierungserklärung die realpolitischen Grenzen unserer Aktivität deutlich machen.
Dem Wort ›Taktik‹ haftet in der Politik häufig etwas Anrüchiges an. Diese Einstellung scheint mir dann vollkommen unberechtigt zu sein, wenn Taktik dem, was Max Weber ›Gesinnungsethik‹ nennt, sichtbar untergeordnet bleibt. Wir wollten die Chance wahrnehmen, der Mehrheit des österreichischen Volkes die Scheu oder gar die Angst vor einer sozialdemokratischen Regierung zu nehmen, denn offenbar muß beides wäh-

rend der letzten 25 Jahre der Grund dafür gewesen sein, daß uns das österreichische Volk zwar von Zeit zu Zeit stärker machte, uns aber die Mehrheit versagte. Es kam uns und kommt uns auch heute darauf an, nicht ›die Macht zu ergreifen‹, sondern zu regieren, so zu regieren, daß sich die Mehrheit der österreichischen Bevölkerung mit unseren Absichten jeweils zu identifizieren bereit ist. Darin lag unser Mut, er war begründet im Verantwortungsgefühl dem Lande gegenüber, und jede machtgierige Kühnheit lag uns fern. Wir mußten ganz einfach die Schallmauer der Vorurteile durchstoßen – und es gelang.
Am 10. Oktober hat die SPÖ die Mehrheit der Stimmen und Mandate erhalten, und die Öffentlichkeit hat mit der größten Selbstverständlichkeit zur Kenntnis genommen, daß die Konsequenz nur eine Alleinregierung der SPÖ sein könne. Die Regierungserklärung vom 5. November 1971 schloß mit den Worten – und das war das Neue:
»... sie – die Bundesregierung – will aber nicht leugnen, daß sie sich bei ihrer Reformarbeit von sozialdemokratischen Grundsätzen leiten läßt, von Ideen, die in den letzten 100 Jahren in so maßgebender Weise die Entwicklung der modernen Demokratie beeinflußt und immer wieder zu einer tiefgreifenden Humanisierung unseres gesellschaftlichen Lebens geführt haben.«
Diese Formulierungen provozierten vollkommen zu Recht die Frage nach den Grundsätzen sozialdemokratischer Politik. Und wenn sie auch in der Regel in provokanter Absicht gestellt wurde und propagandistischen Zwecken dienen sollte, haben wir dennoch die Pflicht, diese Frage ernst zu nehmen. Wir wären aber auch dann verpflichtet, sie zu beantworten, wenn sie uns nicht tagtäglich vom politischen Gegner gestellt würde, nämlich unserer eigenen Parteifreunde wegen. Denn früher oder später werden wir immer wieder mit dem Problem konfrontiert werden, inwieweit wir uns in der praktischen Politik von unseren Grundsätzen leiten lassen. Ohne Zweifel sollte die Arbeit regierender Sozialdemokraten die Orientierung an den Grundwerten des demokratischen Sozialismus deutlich zutage treten lassen. Aber diese Grundwerte des demokratischen Sozialismus selber bedürfen einer klärenden und vertiefenden Diskussion. ›Was soll eine theoretische Diskussion heute‹, mag

mancher fragen, da ›wir doch so viel zu tun haben?‹ Die politische Theorie scheint da und dort auch in unseren Reihen eine Art Therapie der Pause und vor allem nur für die dazusein, die nicht zu regieren haben. Der nächste Einwand folgt auf dem Fuß. Wir haben doch unsere Programme nach langen Diskussionen erarbeitet und beschlossen, sie gelten: Aber wir dürfen nicht vergessen, daß sie entstanden sind nach einer Zeit gesellschaftspolitischen Burgfriedens, der durch den Kalten Krieg, durch die Bedrohung der Demokratie motiviert war. Damals flüchteten sich die Parteien zuerst unter den Schirm einer Art Überideologie, der Demokratie schlechthin. Nach dem Abflauen des Kalten Krieges – ein Symptom dafür war unter anderem der Abschluß des österreichischen Staatsvertrages – begann aufs neue ein politischer Differenzierungsprozeß in den demokratischen Staaten, und die sozialdemokratischen Parteien in fast allen Ländern Europas gaben sich neue Grundsatzprogramme.

Seitdem wir uns unsere Programme gegeben haben, ist viel, sehr viel in der Welt passiert. In diesen wenigen Jahren sind Entwicklungen vor sich gegangen, von einer gesellschaftlichen Tiefenwirkung wie kaum je zuvor in der Geschichte.

In unserem Wiener Programm heißt es: »Die Sozialisten wollen eine Gesellschaftsordnung, also eine Ordnung der Lebensverhältnisse und der Beziehungen der Menschen zueinander, deren Ziel die freie Entfaltung der menschlichen Persönlichkeit ist. Sie wollen die Klassen beseitigen und den Ertrag der gesellschaftlichen Arbeit gerecht verteilen. Sozialismus ist uneingeschränkte politische, wirtschaftliche und soziale Demokratie: Sozialismus ist vollendete Demokratie.«

Die Frage, die sich nun stellt, ist, wie man einen solchen Zustand, eine solche Ordnung unserer Gesellschaft zu erreichen vermag.

Max Adler spricht in seiner ›Staatsauffassung des Marxismus‹ von der ›Notwendigkeit der begrifflichen Verbindung von Demokratie und Sozialismus‹. Er trennt die politische und soziale Demokratie und hat mit dieser Trennung – sowenig man sich deshalb mit seinen sonstigen Schlußfolgerungen identifizieren muß – heute mehr recht denn je. Denn Sozialismus ist – wie das Wiener Programm von 1958 feststellt – die ›uneingeschränkte politische, wirtschaftliche und soziale Demokratie«. Es handelt sich bei der Verwirklichung der sozialen Demokratie um einen ununterbrochenen dialektischen Prozeß. Und ich sage das bewußt. Die kommende Gesellschaft ist – und hier scheue ich mich nicht, ein Wort von Marx zu gebrauchen – das Ergebnis »einer ganzen Reihe geschichtlicher Prozesse, durch welche die Menschen, wie die Umstände gänzlich umgewandelt werden«.

Gewiß, wir müssen an alle diese Aufgaben herangehen mit dem Wissen um die Realität und die relativen Möglichkeiten, die wir haben, frei von jener intellektuellen Überheblichkeit, mit der manche alles in Frage stellen, sich aber ersparen, auf das, was sie in Frage stellen, eine Antwort zu geben. Aber wir müssen uns auch gegen jene alles simplifizierende Art wenden, mit der uns die Anhänger des Kommunismus auf alles und jedes eine Antwort zu geben wissen.

Ich habe unlängst von dem Mut zum Unvollendeten gesprochen, den man in der Politik haben muß. Vielen, denen dieser Mut gefehlt hat, blieb die Kraft versagt, das Notwendige zu tun – ja viele sind davor zurückgeschreckt, es auch nur zu beginnen.

Wir müssen ständig darauf bedacht sein, weder in der Verwaltungs- und Organisationsroutine zu erstarren noch in den hergebrachten Denkkategorien. Und wir sollten die umfassende Diskussion über die Grundwerte des demokratischen Sozialismus nicht nur im engsten Kreis unserer Parteigenossenschaft führen, sondern in der ausdrücklichen Hoffnung, den Kreis unserer Gesinnungsgemeinschaft zu vergrößern, auch alle die einladen, die mit uns an der Lösung der Probleme dieser Zeit arbeiten wollen. Wir sollten die Partei nach allen Seiten hin offenhalten: Der Komplex der sozialdemokratischen Zielvorstellungen ist *nicht* unteilbar. Denn es gibt viele, die mit uns ein großes Stück des Weges gehen wollen, die mit uns an der Lösung so mancher Fragen arbeiten wollen, ohne daß sie sich vorerst deshalb zur Gänze unseren Zielvorstellungen zu verschreiben wünschen. Nur wenn es diese Bereitschaft zur Offenheit und Aufgeschlossenheit gibt, die es mit sich bringt, daß bei uns auch Menschen Anerkennung finden, die nur ein Stück des Weges mit uns zu gehen bereit sind, werden wir uns vor jener falschen Exklusivität bewahren, der nicht nur die kleinen Sekten zum Opfer fallen, sondern vor deren Anfechtungen auch große Parteien nicht gefeit sind. Ich behaupte, daß viel für den Erfolg dieser umfassenden Diskussion davon abhängen wird, ob wir Formen und Wege finden, sie unter maximaler Beteiligung zu führen.

Wir bekennen uns zum Prinzip der Demokratisierung unserer Gesellschaft. Um aber diese Demokratisierung zu ermöglichen, bedarf es der Bereitschaft und der Fähigkeit der Menschen, an diesem ständigen Prozeß der Willensbildung auch teilzunehmen. Wenn man weiß, daß zwar nahezu 90 Prozent der Bevölkerung bereit sind, an Wahlen teilzunehmen, daß aber ungefähr 40 Prozent der erwachsenen Bevölkerung nicht bereit sind, politische Informationen entgegenzunehmen und mitentscheiden zu wollen, dann wissen wir, daß wir hier eine Aufgabe haben. Wir können die Anforderungen, die die ununterbrochene Verlebendigung der Demokratie stellt, nicht erfüllen, wenn wir den Menschen nicht die Möglichkeit bieten, sich die Kenntnisse zu erwerben, die für eine solche Partizipation erforderlich sind. Wir wissen aus unserer eigenen Praxis viel zu gut, wie schwer uns manchmal Entscheidungen fallen und wie wichtig es ist, daß wir dabei die bewußte Mitwirkung einer möglichst großen Zahl von Menschen finden. Hier scheiden sich die Geister: in diejenigen, die für die elitäre Auslese sind, weil nur so der »wahre Wille des Volkes erkannt und der Verwirklichung zugeführt werden kann«, und in jene, zu deren politischem Grundsatz es gehört, immer mehr Menschen am Willensbildungsprozeß direkt teilnehmen zu lassen.

Für den, der die soziale Demokratie verwirklichen will, der haben will, wie ich es einige Male formuliert habe, daß alle gesellschaftlichen Bereiche von den Ideen der Demokratie durchflutet werden, muß eine unabdingbare Voraussetzung gerade in dieser Zeit die Forderung nach Einbeziehung einer möglichst großen Zahl von Menschen in Information und Mitentscheidung sein. Nur dann, wenn diese Aufgabe der Information mit neuen Methoden geleistet wird, kann die Mitbestimmung sinnvoll gestaltet werden, wird so durch beides die Weiterentwicklung der Demokratie gewährleistet. Der große französische Liberale und Demokrat Edouard Herriot hat einmal festgestellt, daß die Demokratie nur gefestigt werden kann, wenn man sie ununterbrochen in Bewegung hält, das heißt, sie entwickelt. Ich behaupte nun, daß jeder Verbesserung der Demokratie in Richtung auf mehr Information und mehr Mitbestimmung zwangsläufig der Charakter einer gesellschaftspolitischen Strukturreform zukommt. Die Qualität einer Demokratie, ihre Vitalität und Entwicklungsfähigkeit, hängt nicht zuletzt davon ab, inwieweit sich der einzelne gegen autoritäre Entscheidungen der Verwaltung zu wehren in der Lage ist.

Und so möchte ich mich nun anderen Fragen sozialdemokratischer Politik zuwenden. Der wirtschaftliche Konzentrationsprozeß erfährt gegenwärtig eine besondere Ausprägung durch das Entstehen der multinationalen Konzerne, eine Tendenz, die ohne Zweifel durch die wirtschaftliche Integration Europas stark gefördert wird. In Westeuropa gehören etwa 25 Großkonzerne dem exklusiven Klub der ›Multinationalen Gesellschaften‹ an. Diese Konzerne sind tatsächlich ›multinational‹, weil sie in den verschiedensten Ländern produzieren, ihre Investitionen auf dem Weltmarkt finanzieren und in steigendem Maß ihr Management aus verschiedenen Nationalitäten rekrutieren.

Der Kontrolle der wachsenden Macht international tätiger Großkonzerne stehen die nationalen Grenzen, die diese fast mühelos überspringen, als Hindernis entgegen. Zu den wichtigsten Aufgaben der nationalen und internationalen sozialdemokratischen Politik gehört daher die Herstellung einer ›multinationalen‹ oder – besser – einer internationalen öffentlichen Meinung, die als Korrektiv dieser Machtentfaltung entgegenwirken kann.

Ich möchte noch kurz auf die Idee der Planwirtschaft eingehen, die leider eine weithin sichtbare und tiefgreifende Abwertung durch die kommunistische Praxis erfahren hat. So manche in unseren Reihen haben sie sogar etwas übereilt abgeschrieben, manche sie sogar in aller Form für obsolet, für hinfällig erklärt. Hier ist ein Beispiel dafür, wie eine Idee durch eine unzulängliche politische Praxis und nicht durch die ihr innewohnende Widersprüchlichkeit ad absurdum geführt worden ist. Heute erleben wir angesichts des Umfanges und der Kompliziertheit wirtschaftlicher Vorgänge eine Rehabilitierung der Idee der Planung in einem Ausmaß, von dem sich sozialistische Theoretiker und Praktiker nichts träumen ließen. Allerdings muß ich hinzufügen, daß uns heutzutage durch die Kybernetik wissenschaftliche Methoden für Planung und Programmierung zur Verfügung stehen, ja ich möchte sogar so weit gehen zu behaupten, daß die Idee der Planung für alle Bereiche unseres gesellschaftlichen Lebens dadurch erst von der Theorie zur praktikablen Wirklichkeit geworden ist. Das gilt aber nicht nur für die Planung im Detailbereich, für die Unternehmensplanung, für die Verwaltungsplanung, das gilt heute auch für die gesellschaftliche Planung überhaupt. Und so erkennt man heute praktisch uneingeschränkt eine gesellschaftliche Aufgabenstellung an, die man lange Zeit hindurch abgelehnt hat.

Unlängst hat eine Reihe britischer Gelehrter einen ›Blueprint for Survival‹, einen Plan zum Überleben, veröffentlicht und dabei alarmierende Tatsachen festgestellt: so, daß der Umweltverschleiß um etwa 5 bis 6 Prozent im Jahr steigt und daß mit dem Wachstum der Weltbevölkerung immer neue Ansprüche an die Umwelt gestellt werden – und das alles auf einem Planeten mit begrenzten Ressourcen. Sie behaupten, daß die Zeit für radikale Lösungen gekommen sei, wollten wir nicht bereits in einem überschaubaren Zeitraum vor unerträglichen Belastungen biologischer, medizinischer, wirtschaftlicher, politischer und sozialer Art stehen. Der Umweltschutz kann aber nicht nur als hygienisches Problem gesehen, sondern er muß als gesellschaftspolitische Aufgabe von elementarer Bedeutung erkannt werden. Was soll es denn für einen Sinn haben, über eine bessere Ordnung unserer Gesellschaft nachzudenken und zu diskutieren, wenn die Lebensbedingungen der Menschen überhaupt durch die hemmungslose Entwicklung der Industriegesellschaft in Frage gestellt sind? Ich glaube, daß es hier eine Lücke in unserem Problembewußtsein gibt, denn irgendwo muß auf diesem Gebiet das Bündnis der sozialistischen Politik mit der Wissenschaft zur höchsten Entfaltung gebracht werden. Dieses Problem ist auch aus einem anderen Grund ein gesellschaftspolitisches erster Ordnung. Denn es stellt mit aller Deutlichkeit die Frage nach der Rentabilität. Die Gelehrten, die den ›Blueprint for Survival‹ geschrieben haben, stellen fest, daß die wirtschaftliche Gesamtrechnung nach neuen Prinzipien erstellt werden muß, daß der Begriff des Bruttonationalprodukts, wie wir ihn jetzt betrachten, seiner Art nach umweltfeindlich ist und daß zwischen Ökonomie und Ökologie eine große Kluft besteht.

Die Demokratie räumt jedermann, wie es die europäische Menschenrechtskonvention ausdrückt, die Freiheit ein »zum Empfang von Nachrichten und Ideen ohne Eingriff öffentlicher Behörden«. Wir wissen aber, daß diese Freiheit genauso problematisch sein kann wie jene berühmte Gleichheit vor dem Gesetz, von der Anatol France sagt, daß das Gesetz in seiner majestätischen Gleichheit den Armen und Reichen verbietet, unter Brücken zu schlafen, wenn sie obdachlos sind, und Brot zu stehlen, wenn es sie hungert. Wir wissen indes, daß das Angebot der Nachrichten und der Informationen sich gleichfalls an höchst materiellen Gesichtspunkten orientiert. Da wir aber andererseits von der Bedeutung der Massenmedien für das politische Bewußtsein wissen, drängt sich uns geradezu das Problem der Massenmedien auf. Sozialdemokratische Politik darf nicht rütteln an dem Grundsatz der Freiheit der Presse, ganz im Gegenteil – sie muß, so, wie sie es immer war, ihr entschlossenster Wortführer sein. Aber ebenso darf sie nicht blind sein für das, was man heute Manipulation nennt. Wir haben in den letzten Wochen erlebt, wie das in der Praxis gehandhabt wird.

Gegenwärtig vollzieht sich in allen demokratischen Staaten ein stiller, aber unaufhörlicher Kampf der Massenmedien gegeneinander und untereinander. Rundfunk und insbesondere das Fernsehen stellen eine wachsende Konkurrenz für die Presse dar; vor allem dort, wo die Werbung im Rundfunk möglich ist, kämpfen sie mit den Zeitungen um die Werbeetats der Firmen. Auf der anderen Seite erleben wir innerhalb des Pressewesens den wenig erfreulichen Prozeß der Verdrängung jener Zeitungen, die Organe der politischen Parteien sind.

Wenn es richtig ist, daß es in der Demokratie die politischen Parteien geben muß, daß sie geradezu eine Voraussetzung der Demokratie darstellen, daß ihnen die Willensbildung obliegt, dann muß es bedenklich sein, wenn die Parteien der eigenen Kommunikationsbasis entraten müssen.

Abschließend möchte ich mich noch der Frage zuwenden, wie es um das Verhältnis von Sozialdemokratie und Religionsgemeinschaften bestellt ist. Die Sozialisten achten das Bekenntnis zu einem religiösen Glauben wie zu einer nicht religiösen Weltanschauung als innerste persönliche Entscheidung jedes einzelnen.

Diese Grundhaltung hat zu einem neuen Verhältnis zwischen der Kirche und der sozialistischen Bewegung geführt.

Die Kirche – ich spreche hier vor allem von der römisch-katholischen – hat eine doppelte Erscheinungsform: Sie ist einerseits die Gemeinschaft der Gläubigen, aber die Kirche betätigt sich auch sehr aktiv im gesellschaftspolitischen Bereich. Am ausgeprägtesten und fortschrittlichsten in Lateinamerika. Dort wirkt Bischof Dom Helder Camara und mit ihm eine wachsende Zahl von Bischöfen, Priestern und Laienchristen. Sie verbreiten ihren Glauben an das Evangelium als Botschaft der Befreiung des Menschen von einer geistigen und materiellen Not. Sie bekämpfen das menschenunwürdige Elend und die Ausbeutung und setzen sich bewußt für eine neue, gerechtere Gesellschaftsordnung ein. Sie wollen diese Gesellschaftsordnung in Zusammenarbeit mit anderen Gruppen errichten, und sie bekennen sich – das kann man wohl sagen – zu einem demokratischen, humanistischen, unabhängigen, den lateinamerikanischen Ländern und ihrer Bevölkerung angepaßten Sozialismus. Dom Helder Camara und seine Mitstreiter sind der Überzeugung, daß eine solche Gesellschaftsordnung nur durch friedliche Mittel unter Beteiligung breiter Volksschichten verwirklicht werden kann. Dom Helder Camara spricht von der Spirale von Gewalt und Gegengewalt, an deren Ende eine neue Diktatur steht. Es gelte, sie zu unterbrechen, mit neuen menschlichen Methoden den Befreiungskampf zu führen.

Darüber sollten wir uns einmal sehr viel gründlicher miteinander unterhalten – denn hier liegen Bündnismöglichkeiten von geradezu historischer Bedeutung vor.

Herzliche Grüße B. K.

# Willy Brandt *Brief vom 17. September 1972*

Lieber Bruno, lieber Olof,

während der Sommerferien habe ich an der Rede gearbeitet, die ich am 20. August aus Anlaß des 20. Todestages von Kurt Schumacher zu halten hatte. Ihr werdet vielleicht gesehen haben, daß das, was ich dort zum ›Auftrag des demokratischen Sozialismus‹ ausgeführt habe, mit der Thematik unseres Briefwechsels in Verbindung steht. Nun schreibe ich Euch am Wochenende vor der Vertrauensfrage, die ich dem Bundestag stellen werde, weil dies nach unserem Grundgesetz die einzige Prozedur ist, durch die ich die Auflösung des Parlaments erreichen und dann die eigentliche Vertrauensfrage an die Bürger richten kann. Als ich diesen Briefwechsel am 17. Februar einleitete, ging ich davon aus, daß wir – nach Ablauf einer vierjährigen Legislaturperiode – im Herbst 1973 wählen würden. Ihr habt auf Abstand mitverfolgen können – und wir hatten ja auch zwischendurch ein paarmal Gelegenheit, hierüber jeweils zu zweit miteinander zu sprechen –, welche Verhärtungen sich bei uns in der Bundesrepublik ergeben haben. Das Mißtrauensvotum im April scheiterte, die Ostverträge wurden im Mai ratifiziert, aber die kleine Zahl von Mandatsüberträgern führte zu einem Patt, das die sachliche Parlamentsarbeit lähmte. Deshalb ist es notwendig, den Wähler entscheiden zu lassen.

Ohne wechselseitiges Selbstlob: ich stimme Bruno zu, wenn er in seinem Brief einleitend feststellt, für die Sozialdemokraten der Gegenwart sei es kennzeichnend, daß sie von Mut zur Verantwortung erfüllt sind und es ihnen dabei nicht um die Macht ›an sich‹ gehen kann. Für mich wirken natürlich auch die Lehren nach, die sich aus dem Schicksal der Weimarer Republik ergeben haben. Aber ich stimme durchaus der Auffassung zu, daß sich die anzuwendende Taktik sichtbar dem unterzuordnen hat, was Max Weber ›Gesinnungsethik‹ nennt. Verantwortung muß sich auf Gewissen gründen. Die Schärfung der Gewissen-

haftigkeit ist kein Planziel, das in einer Regierungserklärung abgesteckt werden könnte. Aber wenn ich im Oktober 1969 von unserem Bemühen sprach, »ein Volk der guten Nachbarn zu werden, im Innern und nach außen«, so war für mich dieser Hinweis auf die Friedenspolitik und die inneren Reformen zugleich auch der Hinweis auf ein geistig-moralische Programm.
Das Thema Neuwahlen war für mich auf der Tagesordnung, seit es Ende April – am Tage nach dem gescheiterten Mißtrauensvotum – der Opposition durch Stimmengleichheit gelang, die Behandlung des Bundeshaushalts zu blockieren. Es galt jedoch, dreierlei zu bedenken: Wenn irgend möglich, mußten die Verträge von Moskau und Warschau – und damit die Berlin-Regelung – über die Hürden gebracht werden, obwohl aller demoskopische Rat dafür zu sprechen schien, die Ostpolitik in den Mittelpunkt des Wahlkampfes zu rücken. Dann, nachdem die Verträge ratifiziert waren, mußte es der Opposition so schwer wie möglich gemacht werden, für den Rest der Legislaturperiode doch noch die Regierung in die Hand zu bekommen. Und dann war natürlich auch zu bedenken, welchen Termin für Neuwahlen man der Koalition – vor allem auch dem Koalitionspartner – zumuten konnte. Das Ergebnis aller dieser Überlegungen war, daß Walter Scheel und ich Ende Juni unsere gemeinsame Absicht bekanntmachten und daß ich nun am 20. September mit der Vertrauensfrage vor den Bundestag trete; und zwar in der erklärten Absicht, die Frage *nicht* positiv beantwortet zu bekommen und damit dem Bundespräsidenten die Auflösung des Parlaments vorschlagen zu können. Dabei ist mir immer bewußt gewesen, was ich im Frühjahr vor den Führungskörperschaften meiner Partei so ausgedrückt habe: »Von der SPD wird viel erwartet. Wahrscheinlich noch mehr, als sie geben kann. Wir müssen unseren Freunden nachdrücklich klarmachen, daß die Welt auf uns blickt und daß wir nicht nur einer nationalen, sondern auch einer internationalen Verantwortung gerecht zu werden haben.«

*I.*

Ich möchte nun, was unseren Meinungsaustauch angeht, zunächst an Olof Palmes Brief anknüpfen. Auf den Demokratiebegriff und auf die Fragestellung ›Reformismus und Revolution – systemverbessernde und systemüberwindende Reformen‹ werden wir ja vermutlich noch einige Male zurückkommen. Angesichts der großen Diskussion, die darüber in den letzten Jahren wieder aufgeflammt ist, haben wir die Aufgabe, die Bedeutung und die Forderungen der Demokratie und des ›Reformismus‹ jeder neuen Generationen wieder klarzumachen. Und tatsächlich müssen gerade die regierenden Sozialdemokraten für die Grundfragen Zeit haben, unbeschadet aller praktisch-politischen Aufgaben.
Wir werden in unserem Denken und bei unserem Handeln immer in der Spannung zu leben haben, die sich zwischen unseren langfristigen Zielen und dem jeweils Möglichen ergibt. Auf dieser Einsicht basiert unser Godesberger Programm. In meiner Rede zum 20. Todestag von Kurt Schumacher habe ich denn auch bewußt hervorgehoben, demokratischer Sozialismus sei eine dauernde Aufgabe, nämlich die Aufgabe, »Freiheit und Gerechtigkeit zu erkämpfen, sie zu bewahren und sich in ihnen zu bewähren«. Gerhard Weisser, der über Jahre hinweg auf die Programmarbeit der SPD wesentlich Einfluß genommen hat, schrieb einmal sinngemäß, selbst wenn der demokratische Sozialismus strategisch gesiegt habe, bleibe er eine ständige Aufgabe.
1959, bei der Verabschiedung unseres Programms, haben wir es unterlassen, diesen vorgesehenen ›i-Punkt‹ zu machen, dieses Ausrufezeichen hinter die in der Sache von unserem Selbstverständnis her inhaltlich geklärte Diskussion über ›Weg und Ziel‹ des demokratischen Sozialismus zu setzen. Sie ist gedanklich zwar sehr verwandt mit der berühmten, zu Beginn unseres Jahrhunderts vor allem zwischen Eduard Bernstein, Karl Kautsky und August Bebel geführten Diskussion über Revisionismus und Revolution, läßt sich jedoch nicht ganz in die oft zitierte und fast ebenso oft mißverstandene Formel von Bernstein fassen: »Das Ziel ist nichts, die Bewegung ist alles.« Ich bin daher der Auffassung, wir sollten auch hier offen die logi-

schen, sachlichen und praktischen Konsequenzen ziehen und nicht nach dem berühmten Rat von Ignaz Auer an Eduard Bernstein verfahren: »Ede, so etwas tut man, sagt es aber nicht!«

Im Unterschied zu den Kommunisten verschiedenster Couleur sollten demokratische Sozialisten bei der rationalen, d. h. theoretischen Begründung ihrer Zielvorstellungen und ihres Handelns *bewußt* darauf verzichten, sich auf eine einzige und alleinverbindliche politische Theorie oder Philosophie zu beziehen, denn sie vertreten in meinem Verständnis *keine* geschlossene Ideologie oder gar Weltanschauung. Hierauf beziehen sich auch meine wenigen Einwände gegen Olof Palmes Darlegungen, mit dem ich in allen anderen wichtigen Fragen in inhaltlicher und begrifflicher, ja weithin auch terminologischer Hinsicht übereinstimme.

Nur, im Unterschied zu ihm, bei dem wohl gerade hier eine starke Verankerung in den angelsächsischen Traditionen des Denkens deutlich wird, ist es für mich nicht so schwer verständlich, »warum Elitedenker und Anhänger von revolutionärer Gewalt sich als Träger einer sozialistischen und marxistischen Tradition, die ihre Wurzeln in Westeuropa und in dessen Humanismus hat, haben bezeichnen können«. Es gibt doch ohne Zweifel eine blanquistische und eine jakobinische Tradition des sozialistischen Denkens im westlichen Europa. Marx und Engels haben sich davon deutlich abgesetzt, aber sie blieben in der Auseinandersetzung auch zu einem Teil dieser Tradition verhaftet. Und Lenin hat besonders an diese Verbindungsstücke angeknüpft – nicht nur, als er 1902 in ›Was tun?‹ die Lehre von der Kaderpartei und die eines Sozialismus entwickelte, der von außen in die Arbeiterklasse hineingetragen werden müsse, sondern vor allem auch, als er 1917 in ›Staat und Revolution‹ die Strategie und Taktik zur Eroberung der politischen Macht entwickelte.

Rosa Luxemburg mit ihrer großen analytischen Begabung, ihrer scharfen Beobachtungsgabe und ihrer genauen Kenntnis der geistigen und politischen Traditionen der SPD war es, die in ihrer ›Kritik der Russischen Revolution‹ Lenin und seine Freunde davor warnte, jakobinisches Denken und Handeln auf sein Land – eine rückständige, feudalistische Agrargesellschaft – zu übertragen. Sie hat die Konsequenzen des ›demokratischen Zentralismus‹, nämlich den Stalinismus, vorausgesehen – sie hatte sich aber 1912 auch von den ›Glocken in Basel‹ nicht über das Unvermögen der Parteien der I. Internationale täuschen lassen, den ›großen Kladderadatsch‹ zu verhindern. Die Spuren jakobinischen und elitären Denkens bei den ›Klassikern‹ des Sozialismus habe ich bewußt nicht verwischen wollen, als ich im vergangenen Dezember in Oslo sagte: »Auch in der Tradition der europäischen Demokratie lebt neben dem humanitären ein doktrinärer Zug, der zur Tyrannis führt. Befreiung wird dann zur Knechtschaft.«

Ich würde auch weniger unbefangen formulieren, wenn es um das ›optimistische Menschenbild‹ geht; oder um die Wendung, natürlich sei der demokratische Sozialismus ›zugleich eine Ideologie, die Forderungen stellt‹; oder den Satz, der Sozialismus stelle ›als politische Ideologie und Philosophie‹ hohe Ansprüche. Meinen Erfahrungen und meinen Überlegungen entspricht es eher, davon zu sprechen, daß wir demokratische Sozialisten ein realistisches Menschenbild im Sinne des ›Prinzips Hoffnung‹ vertreten, weil wir die Widersprüchlichkeit des Menschen und seine Grenzen kennen und dennoch von der optimistischen Arbeitshypothese ausgehen, daß der Mensch fähig ist, sich vernünftig und in Freiheit zu entscheiden.

Dazu habe ich in Oslo gesagt: »Heute wissen wir, wie reich und begrenzt zugleich der Mensch in seinen Möglichkeiten ist. Wir kennen ihn in seinen Aggressionen und in seiner Brüderlichkeit. Wir wissen, daß er imstande ist, seine Erfindungen für sein Wohl, aber auch selbstzerstörerisch gegen sich anzuwenden. Nehmen wir Abschied von all den schrecklichen Überforderungen. Ich glaube an tätiges Mitleid und also an die Verantwortung des Menschen. Und an die unbedingte Notwendigkeit des Friedens. Als demokratischer Sozialist zielen mein Denken und meine Arbeit auf Veränderung. Nicht den Menschen will ich ummodeln, weil man ihn zerstört, wenn man ihn in ein System zwängt, aber ich glaube an die Veränderbarkeit menschlicher Verhältnisse.«

So sehr ich nun Bruno Kreisky darin zustimme, daß es sich bei der Verwirklichung der sozialen Demokratie um einen ununterbrochenen dialektischen Prozeß handelt – im Sinne: dialektisch gleich widersprüchlich, also nicht im Sinne dessen, was in das

Korsett einer Geschichtsauffassung gezwängt worden ist –, so stark würde ich die Berufung auf Marx relativieren, wenn es sich darum handelt, die ›kommende Gesellschaft‹ als Ergebnis einer ganzen Reihe ›geschichtlicher Prozesse‹ zu verstehen, durch welche die Menschen wie die Umstände gänzlich umgewandelt würden. In dieser Marxschen Vision spukt mir zu stark der Hegelsche ›Weltgeist‹ herum, und es könnte bei unseren Anhängern der historische Prozeß auch wieder so mißverstanden werden, ›in letzter Instanz‹ gebe es das bequeme Umschlagen von Quantität in Qualität und den berühmten Engelsschen Sprung aus dem Bereich des Notwendigen in das ›Reich der Freiheit‹.

Zu Beginn einer neuen Zeitrechnung, nach der ›Großen Sonnenfinsternis‹, nach Auschwitz und Hiroshima, nach Nürnberg und My Lay, haben wir doch gelernt, in welche Barbarei der Mensch zurückfallen kann, welch starke Kräfte der Organisierung des Friedens und einer menschenwürdigen Gesellschaft entgegenstehen. Weder ein hohes wirtschaftliches Niveau noch eine glanzvolle Entfaltung der Kultur schließt mit Sicherheit aus, daß aus Menschen Haß hervorbrechen kann, daß Völker ins Unheil gestürzt werden, daß das Gewebe der internationalen Beziehungen zerrissen und lebenswerte, menschenwürdige Ordnung zerstört wird.

Ich meine, wir sollten dem Traum von einer Zukunftsgesellschaft entsagen, die *gänzlich* anders ist und deren Menschen vor allem *gänzlich* andere Menschen sind als die bisherigen und die heutigen. Wir müssen lernen, mit dem Zweifel zu leben, denn er ist produktiv. Wir müssen Abschied nehmen von der Suche nach der *einen* Wahrheit und lernen, mit *den Wahrheiten* zu leben. Wir müssen mit moralischer Stärke, Standhaftigkeit und Überzeugungstreue wachsam und selbstbewußt mit den Konflikten – internationalen wie gesellschaftlichen – leben und uns beharrlich bemühen, daß diese Konflikte geregelt, daß sie friedlich ausgetragen werden. Gerade weil wir nicht nur das Fortbestehen einer menschlichen Existenz für den einzelnen und für die Völker sichern, sondern auch ein menschenwürdiges Leben für alle schaffen wollen, gerade weil wir an unser Denken und Handeln hohe Ansprüche stellen, stützen wir uns als demokratische Sozialisten bewußt auf die unverzichtbaren Grundwerte der Würde des Menschen, der Freiheit, der Gerechtigkeit und Solidarität. Wir brauchen nicht den fragwürdigen Schutz einer geschlossenen Ideologie oder Weltanschauung, um in dieser Zeit dem Auftrag des demokratischen Sozialismus gerecht zu werden.

*II.*

In diesem zweiten Teil meines Briefes möchte ich etwas über die Bedrohungen sagen, von denen ich meine, daß sich die Menschen ihnen heute ausgesetzt sehen, und über die Orientierung, die wir ihnen angesichts von Unruhe und Unsicherheit geben können. Unsere Haltung kann weder die eines blauäugigen Optimismus sein, noch dürfen wir natürlich einer pessimistischen Resignation Vorschub leisten. Nur wenn die Menschen offen mit einer existenzbedrohenden Herausforderung konfrontiert werden, können sie ihr wirksam begegnen.
Man hat die Pest überwunden, in vielen Ländern den Hunger gebannt, den Kapitalismus gezähmt, und auch die Gefahr eines alles vernichtenden Krieges ließe sich jetzt politisch unter Kontrolle bringen. Nach dem Beitrag zur Entspannung, den die deutsche Politik hat leisten können – und bei dessen Einleitung Ihr mich so hilfreich unterstützt habt –, weiß ich noch besser als zuvor, wie notwendig es ist, die Probleme immer wieder neu zu durchdenken.
Historisches Bewußtsein bewahrt uns davor, Angst vor der Zukunft zu empfinden. Heute denkt bei uns kaum noch jemand an die vorindustrielle Welt, an die ausweglose Armut, die gesetzlose Gewalt, die Seuchen, die damals auch in unserem Teil der Welt die Menschen plagten. Was hat der Frühkapitalismus angerichtet, und wieviel Not, Elend und Tod brachten die Weltkriege und das Dritte Reich! Sozialdemokratische Verantwortung für den Menschen hat dazu beigetragen, unmenschliche Zustände abzubauen, und es entsteht kein Bruch in unserer Politik, wenn wir wesentlich stärker als bisher auch die Verantwortung für die technologische Entwicklung übernehmen müssen, damit weder der Mensch noch die Natur von ihr überrollt wird.
Die mit Computern rechnenden Wissenschaftler des M.I.T. ha

ben mit ihrer Arbeit eine heilsame und fruchtbare Diskussion in Gang gesetzt; auch in der Wahlplattform, an der wir hier in Bonn gerade arbeiten, werden die ›limits of growth‹, wird die ›quality of life‹ ihren Niederschlag finden. In seiner pessimistischen Prognose über die Zukunft der Menschheit hat der ›Club of Rome‹ jedoch zwei entscheidende Faktoren nicht berücksichtigt oder nicht berücksichtigen wollen. Einmal: die Fähigkeit des Menschen, durch Erfindungen und Entdeckungen Probleme zu lösen; zum anderen: den individuellen und gesellschaftlichen Willen, erkannten Gefahren entgegenzutreten.
Nur wenn das gesellschaftliche Bewußtsein mit der technischen und wissenschaftlichen Entwicklung Schritt hält, ja, eines Tages den Naturwissenschaften vorauseilt, wird es dauerhaft gelingen, die Welt humaner zu gestalten. Den alten, fast blinden Fortschrittsglauben hat die Sozialdemokratie aufgrund bitterer Erfahrungen längst überwunden, aber sie ›glaubt‹ auch heute an eine bessere Zukunft und kann sich nicht dazu verstehen, unter dem Schlagwort ›Stabilität‹ eine stationäre Wirtschaft oder Gesellschaft anzustreben. Stabilität kann nur heißen, daß wir in den ständigen Prozeß der Veränderungen, der sich – gewollt oder ungewollt – ohnehin vollzieht, Stetigkeit hineinbringen und Katastrophen antizipieren, um sie zu verhindern.
Das moderne Schlagwort ›von der Ökonomie zur Ökologie‹ darf nicht zur ›Anti-Wachstumsthese‹ werden. Gewiß aber werden wir unser Wirtschaftswachstum umpolen, es qualitativ verbessern müssen. Das geht natürlich nicht, wenn wir Vorstellungen von einer bewußten Minderung des Leistens um sich greifen lassen. Nur, daß die Dienlichkeit der Leistungen für die Allgemeinheit Maßstab zu sein hat, darum kommen wir nicht herum. Im übrigen wird der Bau von Kläranlagen und Luftfiltern, von Krankenhäusern und Schulen von der volkswirtschaftlichen Gesamtrechnung ebenso als ›wachstumssteigernd‹ erfaßt wie die Produktion umwelt*schädlicher* Anlagen. Sie haben auch die gleichen positiven Auswirkungen auf die Beschäftigung. Allerdings stoßen wir bei einem offenen Weltmarkt beispielsweise auf das Problem, daß wir internationale Normen auch für den Umweltschutz brauchen.
Als ich vor zwölf Jahren im Wahlkampf sagte, die Probleme der Umwelt und der Stadterneuerung würden in naher Zukunft

eine ähnliche Bedeutung erlangen wie die Massenarbeitslosigkeit in den dreißiger Jahren, da haben viele dies nicht verstanden. Und als ich sagte, der Himmel über der Ruhr müsse wieder blau werden, war die Reaktion noch Unverständnis oder spöttische Ironie. Das Bewußtsein hat sich seitdem gewandelt. Es wird nun für notwendig und möglich gehalten, die bisherige Entwicklung umzukehren. Aber wir sollten mit Nachdruck betonen: Umweltschutz ist eine der dringenden Aufgaben eines internationalen solidarischen Verhaltens, und man hat ja auch in diesem Jahr auf der internationalen Konferenz in Stockholm erste Markierungen für den notwendigen Weg registrieren können.
Vieles, was wir erreichen wollen, geht uns häufig zu langsam. Aber die Geschichte und unsere eigenen Erfahrungen bewahren uns davor, mutlos zu werden. Die skrupellose Ausbeutung der Arbeiter stieß zwar zuerst nur auf den Widerstand weniger, aber der Auflehnung der wenigen folgten die Ablehnung der vielen, die moralische Verurteilung, dann die soziale Gesetzgebung. Bei der ökologischen Frage scheint mir der Vorgang ähnlich zu sein. Die wirtschaftliche Gesamtrechnung muß nach neuen Prinzipien erstellt werden. Wir müssen vieles verändern, gerade um Lebenswichtiges zu erhalten, zu bewahren, wiederzugewinnen. Und die Möglichkeiten der praktischen Politik werden stets dort größer sein, wo uns das gesellschaftliche Bewußtsein zu Hilfe kommt. Ich stimme völlig zu, daß der Gesellschaft selber die Möglichkeiten gegeben werden müssen, damit der Widerspruch zwischen ihrer apolitischen Tendenz – wie Olof Palme es nennt – und ihrem motivierten politischen Beruhigtsein überwunden wird. Das schafft Vertrauen zur Demokratie und wird manchen zur aktiven Teilnahme bewegen. Das heißt, wir brauchen eine besser informierte Gesellschaft.
Es kommt auf die aktive Mitarbeit der vielen an. Dazu gehören – wie Bruno Kreisky schreibt – unabdingbar, »die Bereitschaft und die Fähigkeit der Menschen, an diesem ständigen Prozeß der Willensbildung teilzunehmen«.
Bildung ist dafür eine wesentliche Voraussetzung. Die Bildungsreform auf allen Ebenen – Vorschulerziehung, Gesamtschule, berufliches Bildungswesen, Hochschulen, Erwachsenenbildung – ist deshalb eine Sache, die wir weiterhin ernst nehmen müssen.

Unter ›Demokratisierung‹ verstehe ich nicht zuletzt den systematischen Abbau von Privilegien. Dazu gehören zentral die Verbesserung der individuellen Lebenschancen, die Entfaltung aller im Volk vorhandenen Begabungen, die Mitbestimmung in ihren vielfältigen Formen als Mittel zur Mitverantwortung und zum friedlichen Austragen gesellschaftlicher Konflikte. Es scheint mir nicht nur eine Behauptung, sondern eine nachweisbare Tatsache zu sein, daß jeder Verbesserung der Demokratie in Richtung auf die Verwirklichung des Bürgerrechts auf Bildung, mehr Information und mehr Mitbestimmung »zwangsläufig der Charakter einer gesellschaftlich-politischen Strukturreform zukommt«. Das erklärt doch gerade den Widerstand der rechtskonservativen Kräfte gegen die Verwurzelung von Prinzipien der politischen Demokratie im sozialen und wirtschaftlichen Bereich sowie im Bildungswesen. Dieses Problem mag bei uns größer sein als in Schweden, weil wir eine stark gebrochene Tradition der Demokratie haben. Aber ich stimme zu: Überall dort, wo die Demokratie einmal Wurzeln gefaßt hat, wird der Weg zurück erschwert. Das wissen die selbsternannten ›Revolutionäre‹, das wissen auch die Rechtskonservativen. Aus dieser Wurzel entspringt ihr paralleler Widerstand gegen eine Politik der realen Reformen.

Veränderungen und Reformen müssen von solidarisierten Mitstreitern als Notwendigkeit und als gemeinschaftliche Aufgabe begriffen, eingesehen und vorangetrieben werden. Das setzt freilich voraus, daß die Sozialdemokratie – und hier möchte ich einen wichtigen Hinweis Bruno Kreiskys nachdrücklich unterstreichen – die Bereitschaft zur Offenheit, Aufgeschlossenheit und Toleranz aufbringt, um auch diejenigen zu ermutigen, die zunächst zwar nur bereit sind, ein Stück des Weges mit ihr zu gehen, die aber ihre praktische Politik für einen bestimmten Zeitraum – zum Beispiel für den einer Legislaturperiode – unterstützen. Das zielt auf Konsens und Solidarisierung gerade auch im Moralischen. Der Komplex sozialdemokratischer Zielvorstellungen ist *nicht* unteilbar. Er kann es angesichts der Fülle und Unvorhersehbarkeit vieler Probleme unserer Zeit auch gar nicht sein. Und der Mut zum Unvollendeten gehört zu einer Politik, die es mit dem Notwendigen aufnimmt.

Die Rechtskonservativen haben die neuen Probleme nicht angepackt oder gar in den Griff bekommen, teils, weil sie es nicht gewollt, teils, weil sie es nicht gekonnt haben. Ich nenne nur neben dem Umweltproblem und dem Bildungsproblem den Stadt-Land-Konflikt, die gesellschaftliche Integration der Generationen, insbesondere der älteren Mitbürger, die Gefährdung der menschlichen Würde durch die Ansprüche der arbeitsteiligen Gesellschaft und schließlich die großen außenpolitischen Fragestellungen, vom Ost-West-Problem bis zu den Spannungen zwischen den hochindustrialisierten Staaten und der Dritten Welt. Das sind die Realitäten, denen gegenüber eine politische Praxis sich bewähren muß. Es kommt darauf an, die Einsicht genügend zu verbreiten, daß diese Probleme nicht beliebig aufschiebbar sind, und die Gesellschaft zur Teilnahme an ihrer Lösung zu befähigen, um ihr die reale Chance zur Verwirklichung ihrer Freiheit zu geben.

*III.*

In diesem dritten Teil möchte ich einige Gedanken zur Lage und Arbeitsweise der Sozialistischen Internationale in unsere Diskussion einführen. Auf dem letzten Kongreß der Internationale vor der Sommerpause in Wien haben wir festhalten können, daß sozialdemokratische Politik einiges dazu beigetragen hat, das, was heute fast selbstverständlich Friedenspolitik genannt wird, zu konzipieren, zu artikulieren und zu praktizieren. Der gemeinsame Dienst am Frieden, an der Völkerverständigung, an der internationalen Solidarität hat in unseren Parteien eine feste und gute Tradition. Dabei soll es auch bleiben, denn keine Enttäuschung darf das Ziel verrücken oder den Kompaß stören. Gerade auf diesem Hintergrund möchte ich einige Bemerkungen zur Zusammenarbeit der sozialdemokratischen Parteien machen. Es ist doch zweifellos so, daß viele Mitglieder unserer Parteien – und zahlreiche Freunde darüber hinaus – an den Zusammenschluß, den wir Sozialistische Internationale nennen, Hoffnungen knüpfen, die weithin enttäuscht werden.
Was ist die Realität der Sozialistischen Internationale? Es ist die Realität einer großen, wenn auch nicht ungetrübten Tra-

dition. Die Realität von Grundüberzeugungen und eines in allem Wesentlichen tragenden Programms. Die Realität von Parteien, die in Westeuropa einen wesentlichen Einfluß auf die Entwicklung ihrer Staaten ausüben. Und die Realität, daß es auch in anderen Teilen der Welt sozialdemokratische Parteien gibt, in noch stärkerem Maße aber Parteien und Bewegungen, die nicht eigentlich zur Sozialdemokratie in unserem Sinne gehören, aber mit ihr verwandt sind.

Aus diesem Hinweis möchte ich etwas ableiten, was sich teils auf die Struktur und teils auf die Arbeitsweise unserer Internationale bezieht: Der Wunsch nach weltweitem Zusammenschluß darf uns meines Erachtens nicht daran hindern, das – und vor allem auch das – zu tun, was vor unserer Haustür notwendig und möglich ist, um der *europäischen* Sozialdemokratie zu verstärkter Konsistenz und verbesserter Qualität zu verhelfen. Und wenn ich von der europäischen Sozialdemokratie spreche, dann meine ich im operativen Sinne die Parteien in der sich direkt und indirekt erweiternden Gemeinschaft. Sozialdemokratische Parteien haben zwar auch innerhalb der organisierten Gemeinschaft bestimmte Aufgaben gemeinsam zu erfüllen, aber die meisten Fragen sind solche, in denen die Parteien im erweiterten Kreis – also einschließlich derer, die auf die eine oder andere Weise mit der Gemeinschaft verbunden sind – zusammenwirken könnten und sollten.

Was nun die eigentliche Internationale, den über Europa hinausreichenden Zusammenschluß, angeht, so wäre ich der letzte, der die Partnerschaft mit irgendeiner genuinen und lebendigen sozialdemokratischen bzw. sozialistischen Partei abschwächen wollte. Auch will ich nicht die Solidarität mit den Gesinnungsfreunden abschwächen, die verfolgt werden oder im Exil wirken müssen; ganz im Gegenteil. Was ich sagen will, ist dies: Eigenes Programm und eigene europäische Parteierfahrung dürfen uns nicht daran hindern, mit solchen Parteien und Bewegungen in anderen Teilen der Welt in ein engeres Verhältnis zu kommen, die mit uns und mit denen wir ein gutes Stück Weges gemeinsam gehen können und wollen; und solche gibt es in beiden Teilen Amerikas, in Afrika, auch in Asien. Hieraus würden sich praktische Folgerungen ergeben. Wir müßten beispielsweise Konferenzen veranstalten, auf denen sozialdemokratische

und ihnen verwandte fortschrittliche Parteien aus aller Welt offen, frei und freundschaftlich darüber beraten würden, was sie meinen, miteinander tun zu können.
Was die Arbeitsweise unserer Internationale angeht – bei allem Respekt vor dem, was geleistet wird, und vor denen, die es leisten –, scheint es mir darauf anzukommen, daß wir den Hang zum Resolutionären zurückdrängen. Er bewirkt wenig und kann sogar Spott hervorrufen. Statt dessen sollte man sich in gemeinsamen Aussagen auf Wesentliches konzentrieren und gleichzeitig mehr tatsächliche Koordination zustande bringen. Also weniger Resolutionen und mehr praktische Kleinarbeit. Die gelegentlichen, im wesentlichen auf Europa bezogenen Parteiführer-Konferenzen haben hier schon einen der gangbaren Wege gewiesen.
Man wird zunehmend lernen müssen, sich der Klaviatur der zur Verfügung stehenden Möglichkeiten zu bedienen. Die nahestehenden Verbände, Institutionen und Stiftungen wären dabei einzubeziehen. Ich kann auch nicht einsehen, warum es nicht möglich sein sollte, eine europäisch-internationale Zeitschrift zu schaffen.
Niemand von uns glaubt an einen internationalen ›Generalstab‹ der Sozialdemokraten. Unsere Parteien müssen sich, gestützt auf weithin gemeinsame Überzeugungen, an den Bedingungen ihrer Länder oder Regionen orientieren und können sich keiner Direktive von außen unterwerfen. Gleichwohl gebietet diese Situation, daß wir prüfen, ob wir, was die Effizienz der Zusammenarbeit angeht, auch nur einigermaßen auf der Höhe der Zeit sind. Ob wir nicht mehr tun müssen, um das Gewicht unserer Parteien auf wesentlichen Gebieten in eine gemeinsame Waagschale zu werfen. Ich bin überzeugt, daß wir die gemeinsamen Ziele wesentlich fördern können, wenn sich die Sozialdemokraten dafür durch ihren europäischen Zusammenschluß und im internationalen Zusammenwirken weit stärker als bisher einsetzen. Die Internationale muß und kann mehr seriöse Ergebnisse ihrer Arbeit erbringen.
Dieser Brief ist mir unter der Hand länger geworden, als er es ursprünglich hätte sein sollen. Dabei bin ich mir darüber im klaren, daß ich auf wichtige, von Euch erwähnte Probleme nicht eingegangen bin, andere Fragen nur beiläufig angesprochen

habe. Wichtig scheinen mir die aufgeworfenen Fragen des wirtschaftlichen Konzentrationsprozesses zu sein, der sich im westlichen Europa durch das Entstehen der multinationalen Konzerne vollzieht; weiterhin das Verhältnis zwischen Demokratie und Marktwirtschaft, der Konzentrationsprozeß im Pressewesen sowie die Fragen der Raumordnung und der Nutzung von Grund und Boden im Interesse der Gesellschaft.

Mich beschäftigen weiter besonders die durch den Terrorismus aufgeworfenen zusätzlichen Sicherheitsfragen, die Probleme der Konferenz über Sicherheit und Zusammenarbeit in Europa, die Vorbereitung auf das Gipfeltreffen im Oktober und – last not least – die Konzentration auf die offensive Auseinandersetzung mit den innenpolitischen Gegnern. Ich würde es begrüßen, wenn Ihr den Meinungsaustausch bald weiterführen würdet.

Mit herzlichen Grüßen W. B.

# Bruno Kreisky *Brief vom 8. Mai 1973*

Lieber Olof, lieber Willy!

Im letzten Brief hat Willy Brandt unter anderem angeregt, unsere Diskussion über das Verhältnis von Demokratie und Marktwirtschaft zu vertiefen. Mir scheint dies ein guter Ausgangspunkt für eine Reihe von Überlegungen zu sein, die ich diesmal zur Diskussion stellen möchte. Zunächst will ich kurz auf die Entstehungsgeschichte dieses Verhältnisses eingehen. In der revolutionären Epoche des Bürgertums richteten sich dessen Forderungen nach Gleichheit der Menschen und nach individueller Freiheit gegen den Adel, die Kirche und den absolutistischen Staat. Die Ziele der Aufklärung und des Humanismus wurden im Namen aller Menschen verfochten. Das liberale Wirtschaftssystem sollte die Gewähr für eine Gesellschaft bieten, in der die Konkurrenz gleicher und freier Wirtschaftssubjekte, die ihr Privatinteresse verfolgen, zur Wohlfahrt aller führt. Im klassischen Parlamentarismus fanden diese Vorstellungen ihre politische Entsprechung.
Die Bindung der politischen Mitentscheidungsmöglichkeit an Besitz und Bildung schloß zunächst die entstehende Lohnarbeiterschaft von der parlamentarischen Einflußnahme aus.
Die historische Leistung der Arbeiterbewegungen ist es, diese Schranke durch die Erkämpfung des allgemeinen Wahlrechtes überwunden zu haben.
Allerdings haben sich im Spätkapitalismus neue Machtstrukturen entwickelt, die zu einer Veränderung konventioneller parlamentarischer Grundsätze führten; ich denke hier etwa an die Trennung von Legislative und Exekutive, die – betrachtet man die Zusammensetzung der heutigen europäischen Parlamente – weitgehend obsolet erscheint. Solch eine Personalunion, die am Beispiel mancher Kammerfunktionäre oder Beamten besonders deutlich wird, wirft natürlich erneut die Frage einer funktionierenden Machtkontrolle auf.

Schon an diesem Beispiel zeigt sich die Notwendigkeit einer ständigen Überprüfung der Funktionsweise unserer Demokratie, in der das Parlament fraglos eine zentrale, aber eben keine ausschließliche Aufgabe erfüllen kann. Auch außerhalb des Parlaments entstanden und entstehen laufend Anlässe zur politischen Konfrontation, deren Wahrnehmung ich für eine wesentliche Aufgabe der modernen Sozialdemokratie halte. Wollen wir unseren Anspruch auf fortschreitende Demokratisierung aller Lebensbereiche konsequent erfüllen, so werden wir uns sehr ernsthaft mit neuen Methoden der Kontrolle über die sich verändernden Machtstrukturen zu befassen haben.

Wir wissen, daß in früherer Zeit das Privateigentum an den Produktionsmitteln im Zentrum der politischen Überlegungen zur Machtkontrolle stand, weil dies die realen Bedingungen erforderten.

Diese Voraussetzungen haben sich ja heute in vielen Ländern grundlegend verändert. Bestimmte Wirtschaftsbereiche – zum Beispiel die Schwerindustrie – wurden verstaatlicht oder werden gemeinwirtschaftlich betrieben, das klassische Modell des Privateigentums an den Produktionsmitteln ist also zum Teil hinfällig geworden und durch neue Herrschaftsformen ersetzt worden. So gesehen, ist also der Marxsche Begriff der ›Expropriation der Exproprieteure‹ gar nicht mehr anwendbar.

Viele Großbetriebe in einigen Sektoren der Wirtschaft werden durch Staatsaufträge und Investitionshilfen belebt, wie etwa in der Flugzeugindustrie, der elektronischen Industrie und in den Bereichen der Atomenergie. Für unsere Zeit ist es eben kennzeichnend, daß verschiedene Eigentumsformen nebeneinander existieren.

Dies heißt selbstverständlich nicht, daß die Frage nach der Verfügungsgewalt über die Produktionsmittel und den Funktionsprinzipien der Wirtschaft überflüssig geworden ist, ganz im Gegenteil. Galbraith und eine Reihe anderer Autoren kommen in den Studien über die Machtstruktur in der modernen Industriegesellschaft zu dem Schluß, daß die übergroße Mehrheit der in der Wirtschaft tätigen Menschen sich in einem Verhältnis des Unterworfenseins unter jene befindet, die über die Produktionsmittel der Gesellschaft verfügen, ohne deshalb auch deren Eigentümer zu sein. Im Kapitalismus neuen Typs besteht die

Herrschaft der Manager, die eine ›oligarchisch sich selber ergänzende Gruppe‹ darstellen. Wenn diese Macht des Industriemanagements außerdem noch durch das Zusammenwirken mit der modernen Hochbürokratie potenziert wird, dann gibt es eben das, was zur Allmacht derer wird, die zur herrschenden Klasse gehören, und zur Nullifizierung des Individuums, des Staatsbürgers, in der Wirtschaft führt.
In ›Wirtschaft, Friede und Gelächter‹ spottet Galbraith sogar darüber, daß die Mächtigen der Wirtschaft in den USA dann, wenn sie am Ende ihres Lateins sind, Zuflucht nehmen zu der bewährten Methode, ihre gefährdeten Unternehmungen der Sozialisierung zu überantworten.
Die Marktwirtschaft existiert nur mehr für die Klein- und Mittelbetriebe – und das bloß noch zum Teil –, und diese Betriebe wiederum sind in den ökonomischen Randbezirken angesiedelt. Die berühmte Wahlfreiheit des Käufers am Markt wird eingeengt durch die ›Manipulation des Konsumverhaltens‹.
Innerhalb unseres Wohlfahrtsstaates sind neue Konfrontationen entstanden. Der Bürger im Wohlfahrtsstaat – und zwar sowohl der Arbeiter und Angestellte wie der Selbständige – befindet sich in fast täglicher Konfrontation mit den Einrichtungen des Wohlfahrtsstaates und ihren Verwaltern.
Ein weiterer Punkt, der für die abnehmende Bedeutung des Eigentums an den Produktionsmitteln beziehungsweise der ›Stellung der Menschen im Produktionsprozeß‹ im Sinne von Marx spricht, ist, daß die konkrete Lebenssituation der Menschen in zunehmendem Maße von Faktoren bestimmt wird, die nicht von der Höhe der individuellen Löhne und Gehälter abhängen, sondern von gesellschaftlichen Leistungen. Wenn zum Beispiel Arbeiter, Angestellte, kleine Bauern freie Schulfahrten, freie Schulbücher und Schülerbeihilfen erhalten, wie wir das erst in den letzten Jahren in Österreich durchgesetzt haben, so sind das Faktoren des Einkommenszuwachses gerade für die Gruppen der sozial weniger gut Gestellten. Analoges gilt für andere Bereiche gesellschaftlicher Leistungen, wie etwa den Gesundheits- und Umweltschutz. Das sind Einkommenssteigerungen, die weit über die üblichen jährlichen Zuwachsraten hinausgehen. Die relativ lange Dauer wirtschaftlicher Prosperität, die nur durch kurzfristige Rezessionen unterbrochen wurde und

gekennzeichnet ist durch das bisherige Ausbleiben »unentrinnbarer kapitalistischer Krisen«, hat in ungeahnter Weise den wissenschaftlichen und technologischen Fortschritt in der Wirtschaft ermöglicht. Der Siegeszug der Elektronik und ihres Instrumentariums schafft neue Entscheidungsmöglichkeiten und verbessert unsere Entscheidungsfähigkeit.
Dies alles hängt eng zusammen mit dem wirtschaftlichen Konzentrationsprozeß, der in Europa in der Ausformung der Europäischen Wirtschaftsgemeinschaft seine historisch-politische Dimension erhält.
An dieser Stelle sei vermerkt, was ich auch beim Kongreß der Sozialistischen Internationale im Vorjahr in Wien gesagt habe: Daß man auch im europäischen Osten, in den kommunistischen Staaten, langsam zu erkennen beginnt, daß die Europäische Wirtschaftsgemeinschaft, der inzwischen 300 Millionen Menschen angehören, nun langsam zur Realität wurde und daß der so oft angekündigte Zerfall, das ›Auseinanderbersten dieser Ausgeburt des Spätkapitalismus‹ offenbar nicht eingetreten ist. Hätten sich die Theoretiker in den kommunistischen Staaten stärker bewährter marxistischer Methoden bedient, so hätten sie schon früher festgestellt, daß die Festigung der Europäischen Wirtschaftsgemeinschaft ein Nachvollzug einer Entwicklung ist, die dem heutigen Stand der Produktivkräfte in dieser Region entspricht, also der modernen Industriegesellschaft adäquat ist.
Diese tiefgreifenden Entwicklungen zusammenfassend, kann festgestellt werden, daß die Voraussetzungen für die politische Demokratie in jenen Staaten, in denen sie verwirklicht wurde, ohne Zweifel der Liberalismus geschaffen hat. Allerdings hat sich in den westlichen Demokratien die politische Demokratie als nicht ausreichend erwiesen. Sie kann dort nur funktionieren, wenn sie in eine neue, nächsthöhere Phase eintritt, nämlich in die der gesellschaftlichen, der sozialen Demokratie, das heißt, daß man den Grundsätzen der Demokratie Entfaltungsmöglichkeiten in allen Bereichen gibt und sie nicht in den engen Kreis der Politik verbannt.
Wie ich bei unserem Parteitag im Vorjahr ausführlich referierte, hat in der alten Sozialdemokratie zwischen den beiden Weltkriegen diese Frage eine entscheidende Rolle gespielt. Damals

gab es für uns – um mit den Worten Max Adlers zu sprechen – nur den Gegensatz zwischen Revolution und Reform; es wird »mit dem ersteren die Veränderung und der Bruch mit dem bisherigen Zustand, mit dem letzteren die Veränderung innerhalb des Zustandes bezeichnet«.
Wie überwand man nun innerhalb der Partei den Widerspruch, der entstehen mußte zwischen der reformistischen Praxis des demokratischen Alltags, der Loyalität gegenüber den Gesetzen des bürgerlichen Rechts- und Verfassungsstaates und der Erkenntnis, daß der Weg zum Sozialismus nur der revolutionäre sein kann? Oskar Pollak, langjähriger Chefredakteur der sozialistischen ›Arbeiterzeitung‹, hat 1930 zu diesem Widerspruch zwischen Theorie und Praxis so Stellung genommen: »Die gegenwärtige geschichtliche Situation der internationalen Arbeiterbewegung ist der Stellungskrieg im Klassenkampf, die politische ›Pause‹ zwischen Revolution und Revolution, während unterdessen die neue industrielle Revolution bereits am Werk ist, die Formen der Wirtschaft und damit die Bedingungen der Politik umzuwälzen.«
Wir haben im weiteren Verlauf der Geschichte gesehen, wie beide unrecht behielten. Die Reformisten deshalb, weil ihr ganzer Eifer vergeblich war und all ihre Bemühungen sinnlos wurden in der Zeit der furchtbaren Wirtschaftskrise mit ihren vielen Millionen von Arbeitslosen, mit ihrem beispiellosen Elend und einer Hoffnungslosigkeit, in der sich die Verzweiflung der breiten Massen bemächtigte und sie zu willfährigen Opfern der faschistischen Diktaturbewegungen werden ließ. Und die Revolutionäre bekamen unrecht, weil diese ungeheure Weltkrise nicht zur Krise des Kapitalismus wurde und nicht in die Revolution mündete. An ihrem Ende stand vielmehr die faschistische Diktatur, stand der Krieg.
Nicht einmal nach dem Krieg, also als die Niederlage da war, gab es in den westlichen Industriestaaten eine revolutionäre Bewegung, sondern den militärischen Sieg der großen kapitalistischen Mächte. Und im europäischen Osten wurde der Kommunismus auch nur durch die militärische Präsenz der Sowjetunion an die Macht gehoben.
Nachdem beide sozialdemokratischen Perspektiven, die reformistische wie die revolutionäre, in eine Sackgasse geführt ha-

ben, ergibt sich die Notwendigkeit, zu einer neuen Konzeption zu gelangen, mittels derer der Prozeß der Demokratisierung aller gesellschaftlichen Bereiche weitergeführt werden kann. Hier hilft uns meines Erachtens die heute vieldiskutierte Unterscheidung zwischen systemverändernden und systembewahrenden Reformen, eine der Sozialdemokratie adäquate Perspektive zu entwickeln. Die Sozialdemokratie hat dort, wo sie zur Erkenntnis kommt, daß Reformen notwendig sind, die über den üblichen Rahmen der Sozialpolitik hinausgehen, diese auch durchzusetzen; das heißt, daß sie systemverändernde Reformen grundsätzlich anstreben muß, dort, wo sie es aus gesellschaftspolitischen Erwägungen für erforderlich hält.
Nun stellt sich natürlich die Frage: Wo ist die Grenze zwischen einer systembewahrenden und einer systemverändernden Reform? Dafür gibt es, wie ich glaube, eine relativ einfache Antwort, die sich von dem alten dialektischen Prinzip herleiten läßt: Die Summe der Reformen oder die Intensität einer Reform ist von der Quantität nicht ganz zu lösen, und irgendwann schlägt die Quantität in Qualität um. Allerdings stimme ich Willy Brandt zu, wenn er meint, daß dies nicht als bequeme Automatik mißverstanden werden darf, sondern nur Ergebnis immerwährender Bemühungen sein kann, jeder neuen Generation unsere Forderungen nach politischer, wirtschaftlicher und sozialer Demokratie klarzumachen. Es ist interessant, daß auch einige linke Denker, wie Lucien Goldmann und André Gorz, eine ganz neue Haltung gegenüber der Reform einnehmen. In diesem Sinn ist meiner Meinung nach die Sozialdemokratie keine revolutionäre Kraft im Sinne klassischer Vorstellungen, sondern in höchstem Maß eine Reformbewegung.
Was die kommunistischen Staaten betrifft, könnte man sagen, daß sich dort im Zuge der Machtergreifung durch die Partei respektive Militärs der absolute Primat der Politik gegenüber dem Ökonomischen durchgesetzt hat. Abgesehen von den Ineffektivitäten der staatsbürokratischen Erstarrung des Wirtschaftsprozesses, die sich unter anderem in einem empfindlichen Mangel an Konsum- und Investitionsgütern ausdrücken, hat sich dort gezeigt, daß die sogenannte Diktatur des Proletariats in Wirklichkeit die Politik einer privilegierten Gruppe ist und im Grunde nur eine neue Abart des aufgeklärten Absolutismus

darstellt. Dies ist übrigens nicht nur die Einschätzung seitens der Sozialdemokraten, wie in den dreißiger und vierziger Jahren der Abfall vieler marxistischer Intellektueller, Wissenschaftler und Künstler vom ›roten Gott‹ gezeigt hat. Eine neue Form der Machtballung ist entstanden, die durch eine Pseudoideologie abgesichert wird, eine machtpolitisch motivierte Resistenz beweist und eine Gesellschaftsform sui generis entstehen läßt. Hier zeigt sich in aller Eindringlichkeit, ja Tragik, wie recht Max Adler hatte, als er – wie ich bereits im letzten Brief anführte – von der »Notwendigkeit der begrifflichen Verbindung von Demokratie und Sozialismus« sprach.

Wie können nun die neuen Herrschaftsformen in der modernen Industriegesellschaft wirksam kontrolliert werden? Ich meine, daß man sich vor allem mit brauchbaren Formen der Mitbestimmung in Betrieben und Institutionen beschäftigen muß.

Diese Mitbestimmung ist als Teil eines gesamtgesellschaftlichen Demokratisierungsprozesses zu sehen, wie er sich ja auch in Schulen, Universitäten, Parteien und anderen Organisationen vollziehen wird. Insofern wäre es also falsch, von einer ›Appeasementpolitik‹ gegenüber dem Kapitalismus zu sprechen, wie man es in den dreißiger Jahren tat; es geht schließlich nicht darum, Willensbildung lediglich an zentralistische Gremien zu delegieren, die dann für sich in Anspruch nehmen, alle Bedürfnisse und Interessen der Basis zu kennen. Was uns von der Phase des aufgeklärten Absolutismus zu unterscheiden hat, sind unsere unermüdlichen Bemühungen, die Masse der Betroffenen in einem umfassenden Prozeß der politischen Information und Bildung zu autonomen Entscheidungen zu befähigen; der Umstand, daß dies nicht von heute auf morgen zu verwirklichen ist, darf uns nicht dazu verleiten, diese entscheidende sozialdemokratische Zielvorstellung aus den Augen zu verlieren.

Es müssen neue Formen der Wissensvermittlung gefunden werden, die von noch größerer Bedeutung sind als seinerzeit die Volksbildungsbewegung, die ja steckengeblieben ist und sich nur in Randgebieten angesiedelt hat. Von besonderer Bedeutung scheint mir hier die neue Blüte der Gesellschaftswissenschaften, die in dieser Zeit begonnen hat und deren Ernte erst noch eingebracht werden muß. Wir müssen der Möglichkeit und Notwendigkeit Rechnung tragen, daß viele Hunderte, vielleicht sogar Tausende von Menschen über neue Vermittlungsformen mit den Erkenntnissen der modernen Soziologie, der modernen Politikwissenschaft, der modernen Nationalökonomie konfrontiert werden. Worauf es hier ankommt, ist, daß diejenigen, die in den verschiedenen Bereichen der Verwaltung, der Interessenvertretungen usw. wirken, die Möglichkeit haben sollen, der Erkenntnisse teilhaftig zu werden, die die neue Blüte der Gesellschaftswissenschaften hervorbringt.

An dieser Stelle möchte ich auf ein Problem eingehen, über das ich eine Auffassung habe, die von der Euren abweicht. Ich glaube nicht daran, daß überall dort, wo die Demokratie »einmal Wurzeln gefaßt hat«, wie Olof Palme schreibt, es keinen Weg mehr zurück gibt. Auch wenn wir in der modernen Industriegesellschaft gewisse demokratische ›Grundpositionen‹ bereits errichtet haben und es den Anschein hat, daß wesentliche Voraussetzungen für eine Weiterentwicklung der Demokratie gegeben sind, so möchte ich doch vor einem allzu großen Optimismus warnen, was die Bestandfähigkeit demokratischer Einrichtungen in einer sich vor allem ökonomisch und technologisch rasch verändernden Welt betrifft.

Jeder Machtausübung haftet die Gefahr an, daß sie sich unter dem Einfluß verschiedener Faktoren gegen jene wendet, die diese Macht demokratisch begründet haben. Soll Macht nicht degenerieren, dann bedarf sie des Korrelats der wirksamen Machtkontrolle. Deshalb muß im eigensten Interesse der Sozialdemokratie ihre Machtausübung einer immer wirksameren Kontrolle unterworfen werden. Nur so kann jener schöpferische Zustand erreicht werden, den die Partei braucht, um im Spannungsfeld der Meinungsbildung zu bestehen. Wir müssen uns immer wieder uneingeschränkt zum Prinzip eines echten geistigen Wettbewerbs zwischen den politischen Parteien bekennen! Das ist es, was unsere politischen Gegner einfach nicht wahrhaben wollen: Daß wir uns eine bessere Kontrolle der politischen Macht nicht nur gefallen lassen, sondern sie sogar fördern. Sie verstehen nämlich nicht, daß wir über Legislaturperioden hinausdenken, daß wir Parteien im historischen Sinn sind. Daß wir vor allem von der Sorge erfüllt sind, nicht in der Verwaltungsroutine und in hergebrachten Denkschablonen zu erstarren. Sonst käme bald der Tag, an dem wir von der Erfüllung der Regierungsaufgaben enthoben werden. Sind wir jedoch bereit, uns im Streit der Meinungen zu behaupten, uns ständig zu stellen, dann erhalten wir uns auch die Fähigkeit, die geistige Auseinandersetzung in immer überlegenerer Weise zu führen. Und dies werden wir dringend brauchen, denn ich halte die Zukunft nicht für krisenfrei.

Ich glaube allerdings, daß wirtschaftliche Krisen, wie man sie noch in den dreißiger Jahren gekannt hat, nicht mehr unabwendbar sind. Heute verfügen wir sehr wohl über das Instrumentarium, die Entstehung solch schwerer wirtschaftlicher Krisen zu unterbinden, allerdings muß man dazu den politischen Willen haben. Immer mehr zeigt sich, daß sich auch in dieser Frage die Geister scheiden: Man weiß von Rezepten zur Bewältigung etwa der Preisentwicklung, die unweigerlich zur Arbeitslosigkeit, zur Stagflation führen müssen, auch wenn das natürlich nicht zugegeben wird.

In der Frage des Beschäftigungsniveaus gelange ich allmählich zu der Auffassung, daß wir in der modernen Industriegesellschaft in die Phase eintreten, in der gewisse Gruppen von Beschäftigten einfach durch den technologischen Entwicklungsprozeß beschäftigungslos werden: entweder in Branchen, die in den hochentwickelten Industriestaaten ökonomisch nicht mehr vertretbar sind, oder in Bereichen, in denen starke Rationalisierungsmaßnahmen möglich werden, wie etwa im Bankgewerbe. Am Beispiel der USA, aber auch anderer Länder sehen wir, daß eine neue Art struktureller Arbeitslosigkeit auf uns zukommt, die uns veranlassen wird, gewisse Dinge in einer neuen Sicht zu betrachten. Es wird sich zum Beispiel die Frage stellen, ob bestimmte Berufe, die bisher nur von Frauen ausgeübt wurden, wirklich ausschließlich ›weibliche‹ Berufe sind.

Kommende Krisen, wie ich sie auch für Österreich voraussehe, ergeben sich aus der Entwicklung der modernen Industriegesellschaft. Beispielsweise bekommen wir zu viele Elektroniker, aber zu wenig Kräfte für den Gesundheitsdienst. Alle diejenigen, die eine höhere Ausbildung erhalten, werden aufgrund ihrer Qualifikation glauben, keine manuelle Arbeit mehr leisten zu müssen. Wir müssen uns der Abwertung der manuellen Arbeit widersetzen, weil sie trotz des jetzigen hohen Standes der Produktivkräfte noch immer zentrale Bedeutung für unsere Ge sellschaft hat. Hier sehe ich große Probleme auf uns zukommen, die voraussichtlich Ende der siebziger Jahre virulent werden. Die Sozialdemokratie kann diese Aufgaben nur mit den Sozialdemokraten in den Gewerkschaften lösen. Ich gebe mich nicht der Illusion hin, daß diese Gesellschaft, auch was die beschäftigungspolitische Seite betrifft, für die Zukunft frei von Problemen sein wird. All das erfordert aber die Schaffung von Problembewußtsein und die umfassende Wiederbelebung und Weiterentwicklung der Idee der Planung, wie ich bereits in meinem letzten Brief ausgeführt habe.

Ein weiteres Problem, das freilich über die beschäftigungspolitische Dimension weit hinausweist, sind die Gastarbeiter. In manchen europäischen Industriestaaten sind heute zwischen 10 und 40 Prozent der Beschäftigten Arbeiter aus anderen, vorwiegend südeuropäischen Ländern. Da viele davon nicht nur auf eine kurze Gastspielrolle kommen, wird sich ein gewisser Assimilationsprozeß ergeben. Daß ich ihn als Sozialdemokrat bejahe, brauche ich nicht zu betonen. Und dieser Assimilationsprozeß wird in der nächsten Generation in einer, wie ich glaube, sehr schöpferischen Weise das Antlitz der Arbeiter- und Angestelltenschaft in den europäischen Industriestaaten prägen. Wir Österreicher kennen diesen Vorgang ja: Ganze Wiener Bezirke waren früher von Arbeitern aus der Fremde bevölkert, wie zum Beispiel das traditionsreiche Favoriten – die berühmten ›Ziegelböhm‹. In vielen Teilen Österreichs, aber auch anderer Länder haben sich ähnliche Assimilationsprozesse in der Vergangenheit vollzogen.

Abschließend will ich auch noch die Gedanken zum Umweltschutz, die wir in den letzten Briefen geäußert haben, aufgreifen und etwas weiter führen.

Die Ergebnisse der volkswirtschaftlichen Gesamtrechnung galten in der gesamten Nachkriegsperiode als verläßlicher Indikator des Wohlstandes der Menschen, was der konkreten Situation in dieser Aufbauphase im wesentlichen durchaus entsprach. In den letzten Jahren gelangten die Wissenschaftler, aber auch die Öffentlichkeit zunehmend zu der Erkenntnis, daß das bisherige Wachstum des Einkommens und Vermögens mit einer gigantischen, bisher nirgendwo verbuchten Zerstörung unserer Umwelt erkauft wurde. Eine Wohlstandsmessung, die

vornehmlich Güter und Dienstleistungen, die über den Markt gehandelt und mit Marktpreisen bewertet werden, als Indikator für den Wohlstand der einzelnen und der Gesellschaft ansieht, vernachlässigt demnach systematisch all die negativen Effekte bei der Produktion dieser Güter und Dienstleistungen, die nicht über den Preismechanismus abgebildet werden, also in der herkömmlichen Wirtschaftsrechnung als ›extern‹ gelten. Solange Luft, Sonnenlicht und Wasser als ›freie Güter‹ betrachtet werden, die ohne Einschränkung benutzt werden können, sei es als Einsatzgut bei der Produktion, sei es als Abfällträger, wird eine Schädigung dieser Elemente der natürlichen Umwelt nicht als Minderung des Sozialprodukts, nicht als Minderung des Wohlstands der Menschen erfaßt.
Über diesen Zusammenhang zwischen ökonomischen Aktivitäten und ökologischem Ungleichgewicht wissen wir außer dem großen Trend noch sehr wenig. Deshalb scheint es mir notwendig, einen Teil unseres naturwissenschaftlichen Forschungspotentials auf die Untersuchung dieser Zusammenhänge zu lenken. Hier stimme ich völlig mit Willy Brandt überein, daß in Zukunft »der Technik und der Wirtschaft klare Hinweise zu geben sein werden, daß und wie sie dem Menschen zu dienen haben«.
Eine andere Quelle systematischer Verzerrung bei der Wohlstandsmessung mittels der volkswirtschaftlichen Gesamtrechnung liegt darin, daß die ganze Fülle an sozialen Diensten und Diensten des Bildungs- und Erziehungswesens – von der ja die konkrete Lebenssituation der Menschen in zunehmendem Maß bestimmt wird – nicht in dem Umfang in die Wohlstandsmessung eingehen, in dem sie von den betroffenen Menschen erwünscht und geschätzt werden, sondern nur im Ausmaß der Kosten, die dem Staat daraus erwachsen. Die enorm wichtigen verteilungspolitischen Gesichtspunkte, die hier zum Tragen kommen, wurden bei den bisherigen Methoden der amtlichen Wohlstandsermittlung im wesentlichen vernachlässigt. Ohne einer naiven Gläubigkeit an die Meßbarkeit sozialer Tatbestände zu verfallen, rechne ich mit zunehmender Bedeutung der ›social indicators‹, mittels derer soziale Sicherheit, Art und Weise der Freizeitaktivitäten und anderes in die Wohlstandsermittlung einbezogen werden können. Hier zeichnen sich Ent-

wicklungen ab, die letztlich zu einer Umdefinition des Sozialprodukts führen sollten.

Ich möchte nun einen Vorschlag zur Diskussion stellen, der an die bemerkenswerten Ausführungen Willy Brandts über die Arbeitsweise der Sozialistischen Internationale anknüpft. Ein konkreter Weg, der europäischen Sozialdemokratie zu »verstärkter Konsistenz und verbesserter Qualität zu verhelfen«, wie dies zu Recht von Willy Brandt gefordert wird, bestünde vielleicht darin, daß wir im Rahmen der Sozialistischen Internationale Experten beauftragen, ein neues Konzept der volkswirtschaftlichen Gesamtrechnung zu erstellen, dessen zentrale Größe ein ökologisch neutrales Wachstum ist, das ›social indicators‹ in sozialistischem Sinn berücksichtigt. Ich könnte mir durchaus vorstellen, daß es hier zu einer fruchtbaren und zukunftweisenden Zusammenarbeit zwischen der Sozialistischen Internationale und jenen Gremien kommt, die auf diesem Gebiet bereits wesentliche Vorarbeiten leisten, nämlich dem Statistischen Amt der Europäischen Gemeinschaften, einer Arbeitsgruppe der OECD und den Statistischen Diensten der Vereinten Nationen, dem ›Club of Rome‹ u. a.

Die neue Blüte der Gesellschaftswissenschaften, von der ich zuvor gesprochen habe, könnte so im Verein mit gesellschaftlich orientierten Naturwissenschaften unsere Planungsvoraussetzungen entscheidend verbessern helfen. Ich bitte Euch, diesen Vorschlag zu überdenken und vielleicht im nächsten Brief dazu Stellung zu nehmen.

Herzliche Grüße B. K.

# Olof Palme *Brief vom 10. Mai 1973*

Lieber Bruno, lieber Willy,

Willy Brandts letzter Brief erreichte mich während des westdeutschen Wahlkampfes, der hier mit Interesse verfolgt wurde. Wir wissen jetzt, daß die Sozialdemokratie einen großen Sieg errungen hat. Als Sozialdemokraten freuten wir uns selbstverständlich darüber, daß eine Schwesterpartei, mit der wir so enge Kontakte pflegen, Erfolg hatte. Das Wahlergebnis in der Bundesrepublik löste freilich nicht nur unter diesem Aspekt Freude aus, sondern man sah darin auch einen Wendepunkt für das Europa der Nachkriegszeit. Ihr habt ein neues Element in die Politik gebracht: die Folgen der Vergangenheit zu bereinigen. Damit eröffnete sich auch die Möglichkeit einer dauerhaften Friedensordnung, die ohne deutsche Mitwirkung nicht zustande kommen kann.

Die deutsche Politik, die Entspannung und mehr Sicherheit für alle Völker Europas ermöglichte, beweist Sinn für Realitäten. Ich möchte eingangs ein paar Worte zu dem realistischen Menschenbild sagen, von dem Willy Brandt schreibt. Es ist denkbar, daß ich eine allzu optimistische Auffassung vertreten habe. Aber vielleicht ist der Unterschied zwischen uns doch gar nicht so groß. Willy Brandt spricht von einem realistischen Menschenbild und sagt: »Nach der großen Sonnenfinsternis, nach Auschwitz und Hiroshima, nach Nürnberg und My Lay haben wir doch gelernt, in welche Barbarei der Mensch zurückfallen kann, welche starken Kräfte der Organisierung des Friedens und einer menschenwürdigen Gesellschaft entgegenstehen.«

Dieser Meinung bin ich auch. Vor einigen Jahren schrieb ich einen Zeitungsartikel über My Lay. Ich kam zu dem Schluß, dieses Ereignis und ähnliche Geschehnisse in anderen Kriegen, in anderen Ländern, in anderen Gesellschaftssystemen zeigten, »daß die Menschen, in bestimmte Situationen versetzt, in denen die Kontrollfunktion der Gesellschaft nachläßt, in denen Haß

und Furcht und Selbstverachtung sich frei entfalten können, zu Brutalitäten gegeneinander bereit sind, die in diametralem Gegensatz zu sämtlichen Vorstellungen von einer zivilisierten Gesellschaft stehen. Die Beteiligten brauchen keineswegs Bestien zu sein. Die mag es zwar auch geben, oft aber sind es ganz normale Durchschnittsmenschen. So liegt vielleicht in den meisten von uns ein Hang zur Grausamkeit, zur Unmenschlichkeit verborgen. Denn niemand weiß, wie wir in einer vergleichbaren Situation reagieren würden«.
Optimistisch ist mein Menschenbild deshalb, weil ich den Menschen eine große Fähigkeit zur Solidarität, zum Verständnis für die Verhältnisse anderer, zur Mitverantwortung für eine gemeinsame Zukunft zutraue. Aber auch mein Optimismus ist nicht vorbehaltlos. Wir bekommen, wie Willy Brandt sagt, ständig neue Bestätigungen dafür, welche Abgründe von Haß und Barbarei in uns verborgen sind. Aber auch das Böse ist nicht absolut. Die Barbarei bricht in gewissen Situationen hervor. Man muß – und das ist das entscheidende – zu verhindern suchen, daß wir in solche Situationen geraten. Und das wiederum ist eindeutig eine politische Frage. Auch in Schweden stehen wir jetzt vor einem Wahlkampf, der außerordentlich hart werden wird. Über den Ausgang kann ich keine Prognosen stellen, aber unsere Zuversicht hat sich in den letzten Monaten verstärkt. Wir haben einige Jahre voll wirtschaftlicher Probleme hinter uns. Die Unruhe, die alle Industrienationen erfaßt hat, macht sich auch bei uns stark bemerkbar. Wir waren gezwungen, die Probleme ohne Mehrheit im Parlament zu meistern. In solchen Situationen wird die Regierungsverantwortung oft zur Bürde, die nicht nur das Kabinett und die Reichstagsfraktion Belastungen aussetzt, sondern auch den Parteimitgliedern ein hohes Maß an Loyalität und Zuversicht abverlangt. Aber die Sozialdemokratie kann sich dieser Verantwortung nicht entziehen; das hätte noch größere Unruhe unter der Bevölkerung ausgelöst. Daß wir mit diesen Schwierigkeiten doch recht gut fertiggeworden sind, ist in erster Linie das Verdienst der Partei. Es hat mich immer wieder erstaunt, wie belastbar unsere Partei ist, und ich habe mir oft gesagt, daß diese Widerstandsfähigkeit, diese Geduld geradezu einen Stützpfeiler der Demokratie darstellen.

Über eines waren wir uns die ganze Zeit völlig im klaren. Für eine sozialdemokratische Partei gilt es, die Politik ständig zu erneuern. Die Chance voranzukommen liegt für den Reformismus gerade darin, daß man die aktuellen gesellschaftlichen Probleme durch eine Erneuerung der Politik zu lösen sucht.
Hier kann ich direkt an das anknüpfen, was Willy Brandt über Lebensqualität sagt. Wir alle standen in den letzten Jahren mitten in dieser Diskussion über das Wachstum und seine Grenzen, über den materiellen Fortschritt und den Preis, den wir dafür zahlen: den größeren Verschleiß von Mensch und Natur. Die Notwendigkeit, unsere Umwelt zu schützen und mit den empfindlichen Naturschätzen hauszuhalten, hat mit Recht Vorrang in der Politik bekommen. Es sind für uns alle überaus konkrete Probleme, die aufs engste damit zusammenhängen, ob wir in der Lage sind, die Lebensqualität zu verbessern, oder ob wir ihre Verschlechterung hinnehmen müssen.
Als wir diese Probleme durchdachten, sind wir zu einem eigentlich selbstverständlichen Schluß gekommen: Will man die Lebensumstände der Menschen auf die Dauer qualitativ verbessern, muß man bei den Verhältnissen im Arbeitsbereich anfangen.
Ich meine nicht, daß es sich bei den Arbeitsbedingungen um ein Gebiet handelt, das vernachlässigt worden wäre. Aber man kann wohl mit Recht sagen, daß in der Nachkriegszeit andere Aufgaben im Vordergrund standen. Zu Beginn der Arbeiterbewegung kämpfte man für Reformen zum Gesundheitsschutz der Arbeiter und setzte sich auch durch: den Achtstundentag, gesetzlich geregelten Urlaub, Arbeitsschutz usw. Danach richteten sich die gewerkschaftlichen Bestrebungen weitgehend auf eine Verbesserung der materiellen Bedingungen, was nicht nur Vollbeschäftigung, sondern auch eine leistungsfähige Produktion voraussetzte. Die Bestrebungen wurden von der Gesellschaft unterstützt. Die Maßnahmen, die man ergriff, betrafen vorwiegend außerberufliche Verhältnisse. So haben wir durch verbesserte Schulbildung die Jugend auf das Erwerbsleben vorbereitet, durch soziale Sicherheitsmaßnahmen für Schutz bei Krankheit und Arbeitslosigkeit gesorgt, durch eine Reform der Rentenversicherung für alle, die aus dem Arbeitsprozeß ausscheiden, eine grundlegende verbesserte Situation geschaffen.

Dabei konnten wir bedeutsame Erfahrungen sammeln, mit welchen Methoden die wirtschaftliche Lage der Menschen zu beeinflussen und zu verbessern ist. Hierzu gehören die gewerkschaftlichen Tarifverhandlungen. Die gewerkschaftliche Lohnpolitik hat im Grunde einen systemverändernden Charakter: Durch Tarifabkommen wird der Arbeitsmarkt als Markt im klassischen Sinn aufgehoben. Die klassische Marktwirtschaft setzt ja einen echten Wettbewerb voraus, das heißt, die Arbeiter konkurrieren miteinander, um Arbeit zu erhalten. Tarifabkommen führen jedoch in der Praxis dazu, daß niemand unter einem bestimmten Lohn arbeitet, die Arbeiter unterbieten einander nicht, um eine Arbeit zu erhalten.

Durch die Steuerpolitik, durch Einkommensumverteilung nach sozialen Gesichtspunkten und andere soziale Maßnahmen ist es uns gelungen, den wirtschaftlichen Ausgleich zwischen verschiedenen Bevölkerungsgruppen zu fördern.

Die gegenwärtige Diskussion über die Grenzen des Wachstums und die Lebensqualität hat bei manchen Verachtung ausgelöst für die erzielten materiellen Fortschritte und für eine Politik, die bewußt das Wachstum förderte. Diese Haltung beweist meiner Meinung nach mangelnden Respekt vor der Erfahrung der älteren Generation mit Armut und Not, einer Erfahrung, die sie veranlaßte, sich für die Beseitigung von Not einzusetzen. Immer noch haben große Gruppen einen unzureichenden Lebensstandard. Die älteren Generationen waren sich auch durchaus bewußt, was zum Beispiel industrielle Demokratie bedeutet. In der frühen programmatischen Diskussion unserer Bewegung ging es großenteils um eben dieses Thema. Aber es blieb bei Absichtserklärungen. Jetzt nähern wir uns einem Stadium, in dem diese Fragen wiederum vorrangig werden. Es ist also keine neue Erkenntnis, daß die Verhältnisse im Arbeitsalltag für den gesamten Charakter der Gesellschaft von entscheidender Bedeutung sind. Daß sich dieser Gedanke heute besonders aufdrängt, hängt mit den praktischen Problemen zusammen, mit denen wir konfrontiert werden, und mit dem Bestreben, den Begriff ›Wohlfahrt‹ zu erweitern. Mit dem Begriff ›Wohlfahrtsstaat‹ verbindet man ja in erster Linie soziale Sicherheit im Fall von Krankheit, Arbeitslosigkeit, Alter usw. Doch man kann ihm gleichwohl eine weitere Dimension geben.

Einige Beispiele mögen dies illustrieren. Das eine betrifft die Verhältnisse auf dem Gesundheitssektor, die ja für die Wohlfahrt des Menschen von entscheidender Bedeutung sind. Es ist uns gelungen, die typischen Armenkrankheiten einzudämmen und gesundheitliche Schäden, die auf Not und Mangel zurückzuführen sind, weitgehend auszuschließen. Tuberkulose und Kindersterblichkeit erscheinen kaum mehr in der Statistik. Versucht man jedoch, sich über das Auftreten anderer Gesundheitsstörungen – wie Erschöpfung, allgemeine Verschleißerscheinungen, Wirbelsäulenerkrankungen usw. – ein Bild zu machen, entdeckt man recht erhebliche soziale Unterschiede. Das erklärt sich daraus, daß zahlreiche Menschen an ihrem Arbeitsplatz gesundheitlich gefährdet sind. Für Kinder und Jugendliche konnten wir die Gesundheitsrisiken einschränken, für Erwachsene jedoch nicht. Nach 30 bis 40 Jahren hat derjenige, der eine schwere körperliche Arbeit leisten mußte oder ständig Lärm und Zugluft ausgesetzt war, seine Gesundheit womöglich ruiniert. Wenn dann ein Konjunkturrückgang kommt oder der manuelle Arbeitsgang durch ein neues technisches Verfahren ersetzt wird oder der Betrieb geschlossen werden muß, bleibt häufig nur übrig, entweder eine Wiedereingliederung in den Arbeitsprozeß zu versuchen, oder – die Frührente. Im allgemeinen Gesundheitswesen ist bei uns zwar das Prinzip der Klassenlosigkeit annähernd verwirklicht, die Fälle, in denen durch moderne Arbeitsbedingungen Pflegebedürftigkeit entsteht, sind jedoch alles andere als klassenlos.

Das zweite Beispiel knüpft an die Diskussion über den Umweltschutz an. Wir beschäftigen uns jetzt intensiv damit, die Verschmutzung von Luft, Wasser und Erde zu verhüten. Fische, die durch Industrieabwässer verendet, Vögel und andere Tiere, die vergiftet worden waren, hatten hier oft die ersten Alarmsignale ausgelöst. Der Gedanke lag nahe, daß diese giftigen Stoffe, diese für die Natur schädlichen Produktionsprozesse in erster Linie den Arbeitern selber geschadet haben müssen. Während vieler Jahre atmeten sie die verschmutzte Luft ein, hantierten sie mit giftigen Stoffen und litten unter unzumutbaren Arbeitsplätzen. Wir zogen daraus den Schluß, daß eine Verbesserung der Verhältnisse innerhalb der Produktion, die darauf abzielt, Gefährdungen für die Gesundheit zu reduzieren, auch einen entscheidenden Schritt zum Schutz der äußeren Umwelt darstellt.

Unsere Kritik an der modernen Gesellschaft richtet sich also nicht dagegen, daß sie durch einen hohen Lebensstandard, eine leistungsfähige Produktion und ein Wirtschaftswachstum, das Verbesserungen ermöglicht, gekennzeichnet ist. Sie richtet sich vielmehr gegen den Preis des Fortschritts, gegen die Formen des Wachstums. Wir versuchten deshalb, die Frage zu beantworten: Kann man Leistungsfähigkeit und Menschlichkeit vereinen? Und wir glauben, daß die Antwort im wesentlichen in einer Reform der Arbeitsverhältnisse liegt.

Die Wege, auf denen diese Erneuerung erreicht werden kann, ergeben sich zum Teil dadurch, daß die Gesellschaft größere Verantwortung für die Entwicklung übernimmt. Wenn wir die Planung ausbauen, können wir die möglichen Folgen verschiedener Entscheidungen besser übersehen und uns wirksamer vor der Ausbeutung unersetzlicher Naturschätze schützen. Es sind gesetzliche Maßnahmen auf Gebieten erforderlich, auf denen die Gesellschaft sich ihrer Verantwortung nicht entziehen kann. Dazu einige Beispiele: Wir haben uns mehrere Jahre damit befaßt, einen Plan für ganz Schweden auszuarbeiten, der festlegt, wie man mit Boden und Wasser haushalten soll. Dieser Plan liegt jetzt vor und ist auch vom Reichstag gebilligt worden. Das bedeutet, daß wir sehr viel bessere Voraussetzungen haben als früher, Konflikten zwischen verschiedenen Ansprüchen auf Grund und Boden vorzubeugen. Die Industrie weiß, welche Gebiete künftig nicht zu industriellen Zwecken genutzt werden dürfen. Jahrelang waren wir auch damit beschäftigt, Richtlinien für eine Planung aufzustellen, die zum Ziel hat, Arbeit, Dienstleistungen und andere wirtschaftliche Tätigkeiten über das ganze Land zu verteilen. Auch dieser Plan ist jetzt vom Reichstag verabschiedet worden. Damit stehen uns allgemeine Richtlinien zur Verfügung, die bei den Bestrebungen, ein geographisches Gleichgewicht im Lande herzustellen – das Wachstum der Großstädte zu drosseln, für dünnbesiedelte Gebiete bessere Dienstleistungen zu schaffen, Ballungsräume zu vermeiden –, eine Hilfe sein können. Die Marktwirtschaft wird mit dieser Aufgabe nicht fertig; deshalb müssen die Kräfte des Marktes gesteuert werden.

Mein drittes Beispiel stammt aus einem ganz anderen Bereich. Wir sind dabei, die Gesetzgebung auf dem Gebiet des Verbrauchs gründlich zu reformieren. Wir haben das Amt des Verbraucher-Ombudsmanns geschaffen und insgesamt versucht, die rechtliche und wirtschaftliche Stellung des Konsumenten gegenüber dem Verkäufer zu stärken.
Für eine soziale Erneuerung des Arbeitsalltags ist dennoch in erster Linie die Mitwirkung des einzelnen erforderlich. Die Arbeit ist nicht nur ein Mittel, den Lebensunterhalt zu verdienen, sie ist und bleibt auch für den Menschen einer der wichtigsten Wege zur Selbstverwirklichung. Nimmt man ihm diese Chance dadurch, daß die Arbeit sinnentleert wird oder daß man ihm die Möglichkeit vorenthält, selber oder zusammen mit anderen über die Arbeit zu bestimmen, bedeutet das eine Verarmung. Diese Feststellung ist nicht so zu verstehen, als ob die Arbeit, die man ausführt, besonders qualifiziert sein müßte. Jede Tätigkeit, sei sie auch noch so einfach, wird für den Menschen sinnvoll, wenn sie in einen größeren gesellschaftlichen Zusammenhang gestellt werden kann. Eine Demokratisierung des Arbeitslebens ist demnach von grundlegender Bedeutung.
Deshalb legen wir bei unseren Reformbemühungen großes Gewicht darauf, Gesetze, die den Menschen mehr Sicherheit am Arbeitsplatz bringen sollen, mit Demokratisierungsmaßnahmen zu koppeln. Das Recht des Menschen auf Mitbestimmung ist im Gesetz verankert. Sache der gewerkschaftlichen Organisationen und der Lohnempfänger ist es dann, diesem Recht einen Inhalt im Arbeitsalltag zu geben. So bilden denn auch die Gewerkschaften gegenwärtig Tausende von Mitgliedern aus, deren Aufgabe es sein wird, die größere Einflußnahme der Arbeitnehmer sicherzustellen.
Eine Demokratisierung des Arbeitslebens stößt bei jenen, die darin etwas Ungewohntes und Bedrohliches sehen, etwas, das die Voraussetzungen, die bisher für wirtschaftliche Tätigkeit galten, gefährdet, fraglos auf Widerstand. Schließlich wird ja hier das freie Spiel der wirtschaftlichen Kräfte betroffen. Die Macht wird auf mehrere verteilt. Aber die gleichen Argumente wurden auch gegen das Streben nach politischer Demokratie angeführt, gegen die Bestrebungen der Arbeiter, sich gewerkschaftlich zu organisieren, und ebenso gegen eine Reihe sozialer

Reformen, die jetzt eigentlich selbstverständlich erscheinen. Durch diese Maßnahmen wurden die Machtverhältnisse verändert. Doch die Befürchtungen, die veränderten Machtverhältnisse würden die Gesellschaft qualitativ verschlechtern oder eine Einschränkung der Freiheit bewirken, haben sich nie bewahrheitet. Und meine Auffassung vom Menschen ist so optimistisch, daß man meiner Meinung nach auch jene überzeugen kann, die sich anfangs skeptisch zeigen. Tage Erlander sagte kürzlich, wir erwarteten von den Bürgern, daß sie imstande seien, sich eine eigene Meinung über die kompliziertesten Sachfragen und Zusammenhänge zu bilden, über Wechselkurse und Währungsreserven, über Abläufe in der Wirtschaft, über Fragen der Außenpolitik. Wenn es jedoch um das Alltäglichste und Nächstliegende gehe – wie die Arbeit organisiert werde, welche Stellung der Arbeiter im Arbeitsprozeß einnehmen solle –, dann hätten andere zu bestimmen, dann werde der Arbeiter nicht mehr als sachkundig betrachtet.

Daß wir uns jetzt um eine Reform der Arbeitsverhältnisse bemühen, bedeutet, daß wir in gewissem Umfang von einem Grundgedanken abgehen, der in den entwickelten Industrienationen während der Wachstumsperiode der Nachkriegszeit vielfach vertreten wurde. Man sah die Arbeit als ein notwendiges Übel an. Emanzipation und Selbstverwirklichung waren der Freizeit vorbehalten. Es galt, sich von der Arbeit zu distanzieren, sich etwa durch erhöhten Konsum zu entschädigen.

Wir müssen begreifen lernen, daß die Arbeit in dem von uns überschaubaren Zeitraum im Leben der Menschen auch weiterhin eine beherrschende Rolle spielen wird. In ihr muß Emanzipation, muß höhere Lebensqualität gesucht werden. Andernfalls können wir auch nie eine entscheidende Verbesserung der Lebensqualität in dem Bereich unserer Existenz erreichen, der außerhalb der Arbeitssphäre liegt.

Um das zu verwirklichen, muß man selbstverständlich verschiedene Wege einschlagen, je nach den gegebenen Verhältnissen. Wir haben gemeinsam mit den Vertretern der Lohnempfänger-Organisationen folgendes Programm ausgearbeitet, das jetzt im schwedischen Wahlkampf eine wichtige Rolle spielt:

*1.* Das Arbeitsmilieu muß verbessert, Gefahren am Arbeitsplatz müssen beseitigt werden. Das wird u. a. durch eine verbesserte Gesetzgebung geschehen, zu deren Hauptpunkten gehört, daß die Stellung der Vertrauensleute in Fragen des Arbeitsschutzes wesentlich gestärkt wird.
*2.* Die Sicherung der Arbeitsplätze wird gesetzlich geregelt, so zum Beispiel durch erhebliche Verlängerung der Kündigungsfristen und durch Einführung des Kündigungsschutzes.
*3.* Die Arbeitnehmer werden mehr Einblick in den Betrieb und größeren Einfluß auf die gesamte Führung des Unternehmens erhalten, und zwar dadurch, daß sie Vertreter in die Aufsichtsräte entsenden können. So werden künftig 8000 Lohnempfänger in den Aufsichtsräten sitzen.
*4.* Wir haben – im Einvernehmen sowohl mit der Arbeiter- als auch mit der Angestelltengewerkschaft – dem Reichstag vorgeschlagen, daß der staatliche Pensionsfonds das Recht erhalten soll, Aktien privater Unternehmen zu kaufen. Der Pensionsfonds rekrutiert sich aus den Beiträgen der Lohnempfänger und beläuft sich gegenwärtig auf 60 Milliarden Kronen. Davon sollen 500 Millionen für den Ankauf von Aktien bereitgestellt werden, um der Industrie Kapital zuzuführen und dadurch die Arbeitsplätze zu sichern. Insgesamt soll so erreicht werden, daß die Lohnempfänger größeren Einfluß auf die Wirtschaft bekommen.
*5.* Ferner wollen wir die Stellung der Lohnempfänger am Verhandlungstisch stärken, das Gebiet erweitern, auf dem sie über ihre Organisationen ihre Interessen gewerkschaftlich wahrnehmen können. Eine große Sachverständigenkommission befaßt sich gegenwärtig mit dieser Frage.

Das Programm besteht aus verschiedenen Teilen, von denen jeder wesentlich ist. Vor allem aber muß es als Ganzes gesehen werden. Es gewährt den Lohnempfängern vermehrten Einfluß auf allen Ebenen der Wirtschaft, von den Alltagsproblemen am Arbeitsplatz bis zu weitreichenden Entscheidungsprozessen. Wir wollten die Forderung nach Sicherheit und Fortschritt mit der nach größerer Kontrolle der wirtschaftlichen und technischen Entwicklung verbinden.
Ich bin überzeugt, daß hierin eine der wichtigsten Aufgaben für

die Sozialdemokratie in den Industrienationen liegt. Eine Aufgabe, deren Bewältigung für die Menschen immer größere Bedeutung gewinnt: materiellen Fortschritt mit weitergesteckten sozialen Zielsetzungen zu vereinen. Weder die bürgerlichen Parteien noch die Kommunisten sind in der Lage, diese Aufgaben in Angriff zu nehmen. Bei beiden weist die Programmatik stark elitäre Züge auf. Eine Erweiterung der Demokratie aber ist ihrem Wesen nach antielitär. Die bürgerlichen Parteien – auch wenn sie ein Stück des Weges mitgehen können – sind dadurch gehemmt, daß sie am freien Spiel der wirtschaftlichen Kräfte festhalten wollen. Wir haben in der Vergangenheit viele Beispiele dafür erlebt, wie diese Einstellung zur Passivität, ja zur völligen Lähmung des Handelns angesichts drängender Gesellschaftsprobleme führte. Das wird sich wiederholen, wenn es die Probleme der heutigen Industriegesellschaft zu lösen gilt.
Die kommunistischen Parteien in Westeuropa sind seit einigen Jahren dabei, ihre seit Jahrzehnten gültigen dogmatischen Prinzipien zu überprüfen. Ein schmerzhafter Prozeß, der in Schweden zur Spaltung der kommunistischen Partei führte. Die Kommunisten sind politisch gelähmt und steuern zur politischen Diskussion im Lande seit langem keine eigenen Vorschläge mehr bei. Für die westeuropäischen Kommunisten gibt es zwei Alternativen: entweder die Rückkehr zu Stalin und Lenin oder ein völlig neuer Weg, der an die Tradition des demokratischen Sozialismus anknüpft. Die erste Möglichkeit würde der kommunistischen Partei zwar einerseits neues Selbstvertrauen und Wertgefühl bringen, andererseits aber nur ihre eigenen Probleme lösen, und nicht die der Gesellschaft, nicht die der einzelnen Menschen. Wählten sie aber die zweite Möglichkeit, würde das bedeuten, daß sie sich in der Praxis von den ursprünglichen Thesen des Kommunismus mehr und mehr entfernen.
Daher bleibt es Aufgabe der Sozialdemokratie, das Arbeitsleben demokratisch zu erneuern und dadurch eine qualitative Verbesserung der gesamten Gesellschaft zu bewirken.
Ich glaube, daß hier auch der Ansatzpunkt für eine Zusammenarbeit zwischen den sozialdemokratischen Parteien Westeuropas liegt. Ich denke dabei an die Worte Willy Brandts: »Wir sollten der Zusammenfassung der europäischen Sozialdemokra-

tie zu verstärkter Konsistenz und verbesserter Qualität verhelfen.« Die Probleme des Arbeitslebens sind für alle Lohnempfänger Westeuropas von unmittelbarem praktischem Interesse. Angesichts der Entwicklung, die politisch, wirtschaftlich und sozial stattgefunden hat, besitzen diese Fragen naturgemäß ihren Stellenwert in den Diskussionen. Wir hoffen zuversichtlich, daß wir einer Periode der Entspannung und Sicherheit in Europa entgegengehen. Mit der Erweiterung der EG und ihren Handelsabkommen mit den neutralen Ländern ist die große handelspolitische Frage für Westeuropa gelöst. Beides Umstände, die für diesen Teil der Welt außerordentlich günstig sind. Es gilt jetzt, eine europäische Lohnempfängerpolitik zu schaffen, die den erreichten Fortschritten auch in sozialer Hinsicht eine weitere Dimension geben kann. Diese Ideen lassen sich ohne weiteres mit dem Problem koppeln, das Bruno Kreisky behandelt: die multinationalen Konzerne und die Konzentration wirtschaftlicher Macht – Fragen, an denen die Gewerkschaften ein unmittelbares Interesse haben. Ich meine, daß hier Gelegenheit besteht, die Kontakte zwischen der Gewerkschaftsbewegung und der Internationale wesentlich auszubauen.

Mit herzlichen Grüßen O. P.

# Willy Brandt *Brief vom 30. Juli 1973*

Lieber Bruno, lieber Olof,

Wie Ihr vermutlich wißt, haben auf unserem hannoverschen Parteitag im April Fragen der Theorie und der grundsätzlichen Orientierung unserer Politik eine beträchtliche Rolle gespielt. Und zwar nicht nur auf die Weise, daß Kritiker aus den Reihen der jungen Generation einen Nachholbedarf feststellten, sondern auch so, daß die Parteiführung von sich aus Vorschläge machte, die positiv aufgenommen wurden: z. B. Arbeitskreis Grundwerte, Schriftenreihe zur Theorie und zur grundsätzlichen Verankerung unserer praktischen Politik. Auch die weitere Arbeit an dem, was wir ›Orientierungsrahmen '85‹ nennen, wird weithin prinzipiell orientiert sein.

## *I.*

Neben manchem anderen werden wir vor der Aufgabe stehen, das mit dem Begriff ›Lebensqualität‹ Gemeinte möglichst genau zu fassen. Hierbei scheint mir Klarheit über zwei wesentliche Faktoren zu bestehen: Wenn wir konkret eine Politik für den Menschen betreiben wollen, müssen wir uns unter den sich wandelnden Verhältnissen immer erneut Klarheit darüber verschaffen, was ein menschenwürdiges Leben ausmacht und erfordert. Und wir müssen das Morgen und Übermorgen im Blick haben, um genauer zu wissen, was heute zu tun ist und welche Folgen das heutige Tun morgen und übermorgen haben wird. Die Forderung nach besserer Lebensqualität zielt ja auf eine Richtungsänderung des politischen Handelns: Weg von der einseitigen Orientierung an einem mißverstandenen, manchmal sogar hemmungslosen wirtschaftlichen Wachstum und hin zu einer – über den Tag hinaus – an den menschlichen Bedürfnissen orientierten Politik, die der Ökonomie und der Technik bestimmte Ziele vorgibt.

Keine Kritik am Theoriedefizit der Nachkriegsjahre nimmt uns allerdings die Grundentscheidung ab, ob wir in unserem Teil der Welt auf die Vorteile der Marktwirtschaft – auf den Gebieten, auf denen hiervon ernsthaft gesprochen werden kann – verzichten und die Risiken einer zentralen Verwaltungswirtschaft auf uns nehmen wollen. Ich meine, alle vernünftige Erfahrung spricht dagegen, daß wir uns auf einen solchen Weg begeben, und dafür, daß wir die Kräfte des Marktes und des Wettbewerbs sich weiterhin möglichst umfassend entfalten lassen. Insofern gilt auch unter sich stark verändernden Bedingungen die Faustregel des Godesberger Programms: Soviel Markt wie möglich, soviel Rahmenplanungen wie nötig.

Den Optimismus, daß wir gegenwärtig eine Blüte der Gesellschaftswissenschaften hätten, teile ich im übrigen nicht, zumindest nicht im Hinblick auf solche wissenschaftliche Ergebnisse, die uns heute bei einer Neubestimmung der Politik in entscheidendem Maße voranhelfen könnten. Die Entscheidung darüber, welches Ziel das bessere ist, und darüber, welcher Weg dorthin führen soll, kann dem handelnden Politiker, aber auch dem verantwortungsbewußten Staatsbürger niemand abnehmen. Über die geeigneten Mittel zur Verwirklichung unserer Ziele sowie über mögliche Folgen unseres Handelns können und sollten wir die Wissenschaft jedoch immer wieder befragen. Politik im wissenschaftlich-technischen Zeitalter bedarf immer mehr moderner, elastischer Planung, und zwar im Sinne einer Einheit von vorausschauendem Wissen und politischer Entscheidung. Die Forderung nach mehr sozialer Demokratie und das Bemühen um mehr gesellschaftliches Wissen sind eng miteinander verschränkt. Einerseits wäre alles Wissen wenig wert, wenn es nicht von den und für die unmittelbar Interessierten und Betroffenen in Entscheidungen umgesetzt werden könnte. Andererseits ließe auch die weitestgehende Demokratisierung des sozialen Lebens am Ende sehr viele Probleme ungelöst, stünden nicht allen an den Entscheidungsprozessen Beteiligten hinreichende Erkenntnisse über sich und ihre Umwelt zur Verfügung.

Verantwortliche Politik verlangt immer die gegenseitige Ergänzung und Durchdringung von praktischer und theoretischer Erfahrung. Dabei meine ich, daß die Einsicht, warum jüngere

Menschen so und ältere Menschen so, oder warum ›Theoretiker‹ so und ›Praktiker‹ so sind, argumentieren und handeln, manchmal noch wichtiger ist, als es manche Denkergebnisse selber sein können. Wenn man von dieser Einsicht ausgeht, fördert man sozialdemokratische Solidarität und sichert über alle Theoreme hinaus das Handeln für den Menschen, auf das es uns im Ganzen und im Detail immer wieder ankommen muß. Mein Freund Erhard Eppler hat dies so charakterisiert: »Wenn wir Freiheit und Teilhabe an Entscheidungen für einen Bestandteil von Lebensqualität halten, dann ist die Methode, wie wir Lebensqualität bestimmen, schon ein Bestandteil von Lebensqualität. Anders gesagt: der demokratische Prozeß zur Findung und Durchsetzung von Lebensqualität ist Ausübung von Lebensqualität. Umgekehrt: wo immer Lebensqualität ermittelt und autoritär durchgesetzt werden soll, wird sie im Ansatz zerstört.« Es zeigt sich, daß der Kern der Forderung nach mehr Lebensqualität in den Forderungen besteht: mehr Möglichkeiten der Selbstbestimmung und mehr Kenntnisse unserer sozialen Lebensbedingungen. Theoretische Bemühungen, die hier ansetzen, kann es nicht genug geben.

Der bewußte Verzicht auf eine monokausale Theorie oder Weltanschauung, die Einsicht, daß demokratischer Sozialismus kein ›Zustand‹ ist – weder in der Definition des Augenblicks noch in der Fixierung vermeintlicher Endziele –, sondern vielmehr ein sich oft widersprüchlich vollziehender Prozeß, diese Einsicht bewahrt uns davor, uns an die Illusion einer konfliktlosen Entwicklung zu verlieren. Deshalb habe ich in meiner Rede auf dem Parteitag in Hannover besonders betont, unsere Fähigkeit, Spannungen zu ertragen, sei ein Maß ›für die Qualität unserer Existenz‹. Die Geschichte unseres Willens zur Volkssouveränität, zur Demokratie und zum freiheitlichen Sozialismus ist auch eine Geschichte der Opfer, der Entbehrungen, der Leiden und der Leidensfähigkeit. Niemand kann den Jungen wünschen wollen, den Leidensweg früherer Generationen noch einmal abschreiten zu müssen. Und doch wäre es gut, wenn manche die Bereitschaft deutlicher machten, daß man für das gemeinsame Wohl und die persönliche Überzeugung unter Umständen auch gewisse Opfer auf sich nehmen muß.

Es fehlt heute, wenig mehr als ein halbes Jahr nach einem großen Wahlerfolg, bei uns nicht an besorgten Stimmen über Zustand und Zukunft der deutschen Sozialdemokratie. Mancher scheint schon vergessen zu haben, daß der vorjährige Erfolg keineswegs sicher war und daß er nicht nur gegen rücksichtslose Widersacher, sondern auch gegen Unzulänglichkeiten und Kleinmut in den eigenen Reihen errungen werden mußte. Inzwischen gibt es mancherorts erhebliche innerparteiliche Spannungen, die nicht notwendigerweise abträglich sein müssen, aber gelegentlich doch wegen eines wirklichkeitsfernen Maximalismus gefährliche Tendenzen sichtbar machen. Andererseits hatte ich nicht nur im vorigen Jahr, sondern auch in den letzten Monaten häufig Gelegenheit, mich davon zu überzeugen, wie widerstandsfähig unsere Partei insgesamt ist. Augenmaß und gestalterische Kraft gilt es stets von neuem auf einen gemeinsamen Nenner zu bringen, aber ohne den Faktor Geduld läßt sich gute Politik nicht machen – weder im Innern noch nach außen.

Unser Parteitag im April zeigte eine lebendige, diskussionsfreudige und politisch handlungsfähige Partei. Sie wird ihren Gegnern nicht den Gefallen der Zersplitterung bereiten. Im Gegenteil: über einige Unebenheiten hinweg beginnt sich eine neue Geschlossenheit unserer Partei zu entwickeln, die auf der Einsicht beruht, daß es zwischen der grundsätzlichen Begründung des Handelns und dem politischen Handeln selber keine Isolierwand geben darf. Das Bewußtsein der großen Zusammenhänge macht diese Sozialdemokratie zu der Partei, die das Morgen vorausbedenken kann und in den Grenzen menschlichen Ermessens vorauszuplanen wagt. Ich stimme mit Euch beiden überein: Im Vergleich mit Parteien, die von ihrem Selbstverständnis her stark elitäre Züge aufweisen, haben die Sozialdemokraten die weitaus bessere Chance, die Probleme der modernen Industriegesellschaft konzeptionell in den Griff zu bekommen und strukturverändernde Reformen in die politische Praxis umzusetzen.

Dem, was Bruno Kreisky über ›system*bewahrende*‹ und ›system*verändernde*‹ Reformen ausgeführt hat, kann ich im Grunde zustimmen. Wegen der Besonderheiten der deutschen Diskussion spreche ich zumeist von inneren Reformen, die weithin ›strukturverändernd‹ sein müssen – und die dann, wenn sie gnugend ›systemverbessernd‹ sind, natürlich auch dahin wirken, die soziale bzw. ökonomische Ordnung vorteilhaft zu verändern. In unserer innerparteilichen Diskussion wird das Gegensatzpaar von ›systemstabilisierenden‹ und ›systemüberwindenden‹ Reformen im Zusammenhang damit gesehen, daß einige – besonders jungsozialistische – Kritiker unserer Politik meinen, am sogenannten System lasse sich nichts ändern, solange die Produktionsmittel nicht sozialisiert seien. Alle Politik, die diesen ›Grundwiderspruch‹ nicht abschaffe, wirke letztlich nur systemstabilisierend; es sei nicht möglich, diesseits der Eigentumsschranke eine wirklich pointierte Position zu beziehen. Sie gehen von der These aus, die Veränderung der Eigentumsverhältnisse sei *der* entscheidende Hebel zur Verbesserung der Lage der Menschen, alles andere werde leicht zu ›systemstabilisierendem Humbug‹.

Wenn ich es recht sehe, gehen wir dagegen miteinander davon aus, daß modernes sozialdemokratisches Denken auf die Illusion verzichtet, mit einer generellen und schematischen Änderung der Eigentumsverhältnisse könne man den entscheidenden Durchbruch erzielen, und aus der Abschaffung von Privatbesitz an Produktionsmitteln ergebe sich automatisch mehr Freiheit für die Menschen. Die Situation der Gesellschaft ist durch viele Elemente geprägt, längst nicht mehr oder bei weitem nicht mehr allein nur durch Eigentumstitel, sondern zunehmend durch unterschiedliche Formen von Verfügungsmacht, übrigens auch durch Verfügungsgewalt über das Forschungspotential einer modernen Gesellschaft; durch das Verhältnis zwischen ökonomischer und politischer Macht; nicht zuletzt durch die Art, in der Bildung und Ausbildung organisiert sind. Man muß also viele Hebel bewegen, will man die Lage der Menschen und der Gesellschaft nachhaltig verändern, um sie zu verbessern.

Reformen – das ist auch unsere deutsche Erfahrung aus der Regierungsverantwortung der letzten Jahre – müssen die handgreiflichen Alltagsprobleme der Menschen anpacken und in der nüchternen Quersumme des Geleisteten eine bessere Qualität des Lebens bewirken.

Olof Palme sagt zu Recht, wenn man die Wohlfahrt der Menschen auf die Dauer qualitativ verbessern wolle, müsse man bei den Verhältnissen im Arbeitsleben anfangen. Diese Aufgabe steht im unmittelbaren Zusammenhang mit den großen Themen, auf die sich Bruno Kreisky in seinem Brief konzentriert: daß die Sozialdemokratie erstens vor der Notwendigkeit steht, »zu einer Konzeption zu gelangen, mittels derer der Prozeß der Demokratisierung aller gesellschaftlichen Bereiche weitergeführt werden kann«; und daß sie zweitens »mit neuen Methoden die Kontrolle über neuentstehende Machtstrukturen herstellen« muß, will sie ihre Reformaufgaben erfassen und erfüllen.

Diese Aufgaben und Probleme haben heute zumindest eine europäische Dimension. Und ich bin sehr damit einverstanden, daß wir uns in verstärkter europäischer Zusammenarbeit darum bemühen und vor allem die Möglichkeiten einer europäischen Politik im Interesse der breiten arbeitnehmenden Schichten ernsthaft nutzen.

*II.*

Die sozialdemokratischen Parteien aus den Ländern der Europäischen Gemeinschaft haben auf der Konferenz, die sie im Frühjahr in Bonn abhielten, 40 Thesen ›Für ein soziales Europa‹ verabschiedet. Alle Bereiche der europäischen Politik müßten, so wurde dort festgestellt, auf die sozialen Ziele zu orientiert werden. Maßstab für alles politische Handeln müsse die Verbesserung der Lebens- und Arbeitsbedingungen der Menschen in Europa sein.

Nun sind wir miteinander aus dem Alter heraus, in dem international verabschiedete Resolutionen einen besonderen Eindruck machten. Im konkreten Fall lohnt es, sich noch einmal klarzumachen, wie unterschiedlich das Gewicht sozialdemokratischer Parteien in den Ländern der Gemeinschaft ist, ganz abgesehen von den Besonderheiten, die sich aus der Politik unserer Freunde von der Labour Party ergeben. Andererseits möchte ich in diesem Zusammenhang erneut darauf hinweisen, daß die sozialdemokratische Zusammenarbeit in unserem Teil Europas sich möglichst umfassend auch auf die Staaten erstrecken muß, die nicht direkt zur Gemeinschaft gehören, aber – jedenfalls ökonomisch – mit ihr eng verbunden sind.

Dies vorausgeschickt, möchte ich die Bedeutung der erwähnten

Bonner Konferenz hervorheben. Denn es ist erfreulich, daß es sozialdemokratischen Parteien als bisher einziger politischer Gruppierung der Europäischen Gemeinschaft gelungen ist, ein sozial- und gesellschaftspolitisches Programm zu formulieren, das langfristige Zielsetzungen mit kurzfristig zu realisierenden Schritten vereinigt. Damit ist der im Herbst vergangenen Jahres – auf der Gipfelkonferenz in Paris – beschlossene Auftrag an die Organe der Gemeinschaft, demnächst ein Aktionsprogramm für die Sozialpolitik vorzulegen, durch die Bonner Konferenz unter einen gewissen heilsamen Zugzwang gekommen. Das verabschiedete Programm ist mithin kein bloßes Manifest, sondern aus ihm ergeben sich konkrete Hinweise für die Politik von Sozialdemokraten in den Regierungen und Parlamenten der Gemeinschaftsländer.

Ich habe in den letzten Jahren wiederholt darauf hingewiesen, daß die gesellschaftspolitische Dimension der Gemeinschaft erkennbar werden, daß die Vorbereitung zur ›Sozialunion‹ angepackt werden müsse. Dementsprechend kam es zur deutschen Initiative auf der Konferenz in Paris. In diesem Zusammenhang ist es wichtig, daß nach der Gründung des Bundes der Europäischen Gewerkschaften nunmehr auch die Zusammenarbeit der sozialdemokratischen Parteien effizienter zu werden beginnt. Sie erstreckt sich über die Sozialpolitik hinaus auf die anderen gesellschaftspolitischen Gebiete und umfaßt beispielsweise die Regionalpolitik, vor allem aber natürlich die Wirtschaftspolitik – und zwar einschließlich des Versuchs, eine gemeinsame Konzeption zu entwickeln, wie man die multinationalen Konzerne einer wirksamen Kontrolle unterordnen könnte. Auch die Frage, wie die Organe der Gemeinschaft stärker demokratisiert werden können, ist neu aufgeworfen worden.

Die Forderung nach humanen Arbeitsbedingungen wurde auf der Bonner Konferenz eingehend erörtert, und gerade die schwedischen Erfahrungen haben dabei eine große Rolle gespielt. Hier sind wir meiner Meinung nach auch bei einer neuen Deutung der verbesserten ›Qualität des Lebens‹, die ja vielfach zu einseitig als Umweltproblematik verstanden worden ist. Die Arbeitnehmer verbringen ja mehr als ein Drittel ihres Tages am Arbeitsplatz. Wie dieser Arbeitsplatz beschaffen ist und wie seine soziale Umwelt aussieht, das ist ein wichtiger Ausweis der

Lebensqualität. Einiges davon haben wir bei uns in der Bundesrepublik Deutschland schon in unserem neuen Betriebsverfassungsgesetz verankern können.
Um die Forschung nach mehr Lebensqualität nicht in Unverbindlichkeiten versanden zu lassen, sind, wie wir bereits feststellten, soziale Indikatoren zu entwickeln. Als wissenschaftliches Problem geht es hierbei um das Finden geeigneter Meßinstrumente, und daran wird ja bereits in internationalen Gremien, wie der OECD, gearbeitet. Soll die an solchen Indikatoren ablesbare Wohlstandszunahme zugleich eine ›demokratisch-sozialistische‹ Zielrichtung besitzen, so ist es von großer Bedeutung, auf die Auswahl der Indikatoren einzuwirken. Hier geht es nicht um wertfreie Kategorien, sondern um die Orientierung an Grundwerten. Wichtig wird es zudem sein, die sozialen Indikatoren genügend aufzuschlüsseln.
In Verbindung mit dem hannoverschen Parteitag habe ich bereits unsere Arbeit an einem zunächst auf die Zeit bis 1985 bezogenen ›Politisch-ökonomischen Orientierungsrahmen‹ erwähnt. Die durch diesen Entwurf ausgelöste innerparteiliche Diskussion scheint zu zeigen, daß die Bestimmung von Lebensqualität und Wohlstand – und das heißt auch: das Ausfüllen materiellen Wohlstandes durch soziale Inhalte – nicht von Expertengruppen allein vorgenommen werden kann, so wichtig die Zusammenarbeit der Experten im nationalen und internationalen Maßstab auch ist und bleiben wird.
Einen der wesentlichsten Aspekte einer erhöhten ›Lebensqualität‹ stellt die Forderung dar, das Arbeitsmilieu wesentlich zu verbessern. Wir haben hierauf in unserer letzten Wahlplattform hingewiesen und sind darauf gemeinsam mit unserem Koalitionspartner in der Regierungserklärung Anfang dieses Jahres zurückgekommen. In der deutschen Sozialdemokratie und bei unseren Gewerkschaften wird die Humanisierung der Arbeitsbedingungen stark verknüpft mit dem Gedanken der Mitbestimmung. Obwohl die Forderung nach einer Verbesserung des Arbeitsmilieus und das Verlangen nach erweiterter Mitbestimmung der Arbeitnehmer nur zum Teil identische Tatbestände ansprechen, stehen doch beide miteinander im engen Zusammenhang: Denn einerseits wird man davon ausgehen können, daß eine stärkere Humanisierung des Arbeitslebens den Willen

zur allgemeinen (wirtschaftlichen und politischen) Partizipation der Arbeitnehmer verstärken wird, und zum anderen wird eine verstärkte Mitbestimmung im Unternehmen, das heißt auch am Arbeitsplatz, eine Humanisierung der Arbeit leichter möglich machen. Der Vorsitzende des Deutschen Gewerkschaftsbundes, Heinz Oskar Vetter, hat den Unterschied und den Zusammenhang von Humanisierung, Demokratisierung und Mitbestimmung wie folgt definiert: »Humanisierung spricht in erster Linie die inhaltliche Gestaltung der Arbeit an, während Demokratisierung vor allem den Prozeß der Willensbildung und der Entscheidungsfindung umfaßt. Humanisierung und Demokratisierung ergänzen sich also, müssen sich ergänzen, will sich Demokratisierung der Entscheidungsprozesse nicht nur auf eine formelle Veränderung der Zusammensetzung von Institutionen beschränken. Humanisierung der Arbeit läßt sich ohne wirksame Mitbestimmung auf allen Ebenen letztlich nicht verwirklichen. Für die Mitbestimmungsträger in Betrieb und Unternehmen stellt sich daher in der Humanisierung der Arbeitswelt eine konkrete Gestaltungsaufgabe.«
Hier ist ein weiteres Problem anzusprechen, dem sich die Sozialdemokraten in Zukunft zu stellen haben werden: Die Partizipationsmöglichkeiten der Betroffenen, also letztlich der Wunsch nach einem Mehr an wirklicher Demokratie, müssen nicht nur im Unternehmen, sondern in der Gesellschaft generell problematisch bleiben, solange die verschiedenen Gruppen mit sehr unterschiedlichen Startbedingungen und effektiven Rechten ausgestattet sind. Unsere Gewerkschaften erwarten von der Humanisierung der Arbeit, wie Heinz Oskar Vetter bemerkt, »einen Verstärkereffekt für ihre übrigen gesellschaftspolitischen Forderungen, insbesondere für die Forderung nach Erweiterung der Mitbestimmung, wenn die Arbeiter in ihrer Arbeit ein bestimmtes Selbstbewußtsein entwickeln können, wenn sie den Sinn und die Bedeutung ihrer Arbeit entfalten können«.
Der Demokratisierungsprozeß in allen relevanten gesellschaftlichen Bereichen, die »Expansion der Demokratie in der Gesellschaft«, von der ich bei anderer Gelegenheit gesprochen habe, ist nicht mit dem Trugschluß gleichzusetzen, die Wirkungsformen der Demokratie im staatlichen Bereich sollten oder könnten schematisch auf das wirtschaftliche oder z. B. universitäre

Leben übertragen werden. Bruno Kreisky hat im übrigen zu Recht darauf hingewiesen, daß Mitbestimmung nicht einfach ›hinaufdelegiert‹ werden kann. Aber dies wirft, worüber wir uns wohl miteinander im klaren sind, zusätzlich komplizierte Fragen auf und zwingt zur Klärung dessen, was sinnvoll auf welcher Ebene oder mit Hilfe welcher Delegationsform entschieden werden soll. Man wird die Menschen gewiß nicht zu größerer Autonomie, Mitbestimmung und Mitverantwortung befähigen, wenn Arbeit und Bildung sich weiter wie bisher in zwei fast durchweg getrennten Bereichen entwickeln. Bruno Kreisky stellt fest, die Volksbildungsbewegung sei ›steckengeblieben‹ und habe sich in Randgebieten angesiedelt. Nun, das hängt zweifellos damit zusammen, daß Bildung nicht mehr überwiegend – wie in der ›alten‹ Sozialdemokratie vor und auch noch nach dem ersten Weltkrieg – als eine Sache der Emanzipation verstanden wird; worin sich immerhin ausdrückt, daß wir bildungspolitisch nicht stehengeblieben sind, soviel auch noch zu tun bleibt; und darüber hinaus, daß es – gemessen an der ›alten‹ Arbeiterbewegung – inzwischen ein unvergleichlich größeres Informations- und Bildungsangebot gibt. Jedenfalls ist in gewisser Hinsicht zu einer Sache des Konsums in der sogenannten Freizeitgesellschaft geworden, was in den Generationen vor uns für anspruchsvolle Arbeiter eine Sache des Selbstbewußtseins und der Emanzipation war.

Ich möchte eine Verbindung zwischen dieser Tatsache und der Feststellung Olof Palmes herstellen, daß wir uns von dem Grundgedanken abzuwenden und abzugrenzen haben, dem man in den entwickelten Industrienationen in der Wachstumsperiode der Nachkriegszeit vielfach nachgegangen ist – dem Gedanken nämlich, man könne die Arbeit als ein notwendiges Übel, Emanzipation und Selbstverwirklichung aber als Sache der Freizeit betrachten und sich für unbefriedigende Arbeit »unter anderem durch einen höheren Konsum entschädigen«. Dies sollte uns veranlassen, gegen gewisse Primitivismen und Illusionen anzugehen. Da ist also die Vorstellung, ›guter‹ Konsum sei die angemessene Kompensation für ›schlechte‹ Arbeit. Auf der anderen Seite gibt es die weltfremde Meinung, jede Art von unangenehmer und unerquicklicher Arbeit lasse sich überflüssig machen; dem ist sicher nicht so. Auch hier kommt es darauf an, daß die Organisation der Arbeit selber dazu beiträgt, den Anreiz und die Chance zum Lernen und zur Weiterbildung zu vermehren und die Bildungsmotivation breiter Schichten der Arbeitnehmer zu erhöhen. Unter diesem Gesichtspunkt müssen wir auch unser System der Schulbildung und des Hochschulwesens, und nicht zuletzt das der Erwachsenenbildung, weiterentwickeln. In der Bundesrepublik sind wir dabei, uns besonders auf die Reform der Berufsschulbildung als ein gleichrangiges System der Ausbildung zu konzentrieren. Dabei haben wir die Erfahrung gemacht, daß föderalistisch zergliederte Entscheidungsstrukturen, gerade im Bereich der Bildungspolitik, der Schaffung von gleichen Lebenschancen entgegenstehen können. Es wird gewiß eine unserer wesentlichen Zukunftsaufgaben bleiben, durch hinreichend wirksame Entscheidungsstrukturen, die demokratisch kontrolliert sind, jene Chancengleichheit zu schaffen, auf deren Grundlage eine verstärkte Beteiligung der jeweils Betroffenen einer Verfestigung von Privilegien entgegenwirkt.

In der Diskussion zur Mitbestimmungsfrage stelle ich mit Befriedigung fest, daß es in der letzten Zeit zu einer gewissen Annäherung der ›deutschen‹ und der ›schwedischen‹ Standpunkte gekommen ist. Während sich die Mitbestimmungsdebatte in Schweden auf den Arbeitsplatz und das Arbeitsmilieu konzentrierte, stand nach dem Krieg bei uns in der Bundesrepublik die Forderung nach dem Einfluß der Arbeitnehmer auf die Unternehmensentscheidungen im Vordergrund. Stellte uns die Forderung nach besserer ›Lebensqualität‹ vor das Problem, die Arbeitsbedingungen und die Arbeitsinhalte zu überdenken und der Mitbestimmung am Arbeitsplatz unter diesem Gesichtspunkt verstärkte Aufmerksamkeit zu widmen, so gewann bei unseren schwedischen (man kann wohl sagen: skandinavischen) Freunden die Forderung nach verstärkter demokratischer Kontrolle der Unternehmensleitungen an Bedeutung. Die sich abzeichnende Annäherung der Standpunkte kann wohl unter anderem auf die zunehmende Konzentration der Wirtschaft sowie auf deren internationale Verflechtung zurückzuführen sein, wobei eine gemeinsame Grundlinie der Arbeiterbewegung zumindest im europäischen Rahmen notwendig geworden ist.

Die Beratungen der mehrfach erwähnten Tagung in Bonn haben allerdings gezeigt, daß es auf kurze Sicht schwierig sein wird, zwischen allen befreundeten Parteien einen gemeinsamen Nenner in der Mitbestimmungsfrage zu entwickeln. Die Konferenz forderte in der ›These 32‹ die »Kontrolle der Arbeitnehmer auch bei den wirtschaftlichen Entscheidungen der Unternehmen« – hob aber hervor, dabei seien »die Bedingungen in den einzelnen Ländern zu berücksichtigen«. Hierbei geht es vor allem um die stark abweichenden Meinungen der französischen und der italienischen Sozialisten. Es geht um die grundsätzliche Frage, ob Mitbestimmung der Arbeitnehmer und demokratische Kontrolle in einem alternativen Verhältnis zur Verstaatlichung (Sozialisierung) stehen oder ob Mitbestimmung und demokratische Kontrolle – unabhängig von der Eigentumsform der Großunternehmen – immer notwendig sind, um technokratische Bevormundung der Arbeitnehmer in den Betrieben zu vermeiden. Unter allen beteiligten Parteien ist vereinbart worden, den Erfahrungsaustausch über die Formen der Kontrolle und Mitbestimmung zu intensivieren. Ich hoffe im übrigen, daß es uns in der Bundesrepublik Deutschland – wie wir es im Regierungsprogramm ankündigten – im Laufe dieser Legislaturperiode gelingt, auf dem Gebiet der Mitbestimmung einen wesentlichen Schritt nach vorn zu machen. Es ist klar, daß dies nur in dem Maße möglich sein wird, in dem wir uns darüber mit unserem Koalitionspartner, den Freien Demokraten, verständigen. Wenn ich zuversichtlich bin, so nicht zuletzt deshalb, weil wir in der letzten Legislaturperiode ein recht gut novelliertes Betriebsverfassungsgesetz zustande gebracht haben. Vor zehn Jahren hätten die meisten solche Verständigungen mit unseren ›Liberalen‹ für ganz unwahrscheinlich gehalten. Aus der internationalen Verflechtung der Unternehmen, den ›multinationals‹, ergibt sich nun ein klares Interesse der Arbeitnehmer an einer Tarifpolitik der Gewerkschaften, die nationale Grenzen überwindet. Aber es liegt auf der Hand, daß man sich erst im Vorfeld einer ernsthaften Befassung mit den multinationalen Gesellschaften befindet.
Ich weise in meinen Reden immer wieder darauf hin, daß unser Grundgesetz keine im einzelnen bestimmte Wirtschaftsordnung festschreibt, daß wir in Zukunft vielmehr versuchen müssen,

marktwirtschaftliche Prozesse durch politische Planung zu begleiten und zu ergänzen. Schließlich sind Marktwirtschaft und Wettbewerb gesellschaftliche Einrichtungen, die sich dadurch zu bestätigen haben, daß sie die gewünschten Leistungen tatsächlich zustande bringen. Ich sehe voraus, daß zur Lösung der Zukunftsaufgaben neben die überkommenen Mechanismen verstärkt öffentliche Lenkungsinstrumente zu treten haben werden.
Auf unserem letzten Parteitag wurde auch das Problem eines verstärkten öffentlichen Einflusses auf die Investitionsentscheidungen unter dem Stichwort der Investitionslenkung und -kontrolle diskutiert. Eine solche öffentliche Einflußnahme erscheint insofern geboten, als die heutigen Investitionsentscheidungen die zukünftige Lebensqualität bestimmen – ein Problem, das sich nicht nur angesichts der Umweltzerstörung immer dringender stellt. Es wäre beispielsweise denkbar, private Investitionen einer gewissen Größenordnung, die bestimmte Umweltbelastungen mit sich bringen oder die Infrastruktur bis zu einem gewissen Grade in Anspruch nehmen, einer Genehmigungspflicht zu unterwerfen. Ein solches Instrument der Investitionskontrolle könnte als Ergänzung des Marktmechanismus dienen; es könnte den Markt jedoch bei offenbarem Versagen auch partiell ersetzen.
Ein solch flexibles Kontrollinstrument würde auch neue Wege der Kontrolle multinationaler Unternehmen eröffnen, die zunehmend eine Gefährdung der nationalen und europäischen Wirtschaftspolitik bedeuten können. Nichts wäre damit gewonnen, die wirtschaftliche Großmacht der multinationalen Konzerne bloß zu verteufeln; das wäre zu einfach. Ihre Macht fordert jedoch unsere Wachsamkeit, denn
– durch internationale Kartellvereinbarungen verschaffen sie sich einen oft unangemessenen Einfluß auf die Handelspolitik der Staaten; sie können sogar den Welthandel dominieren;
– Beispiele zeigen, daß sie auch direkte politische Macht ausüben können und ausgeübt haben;
– bei jedem der oberen zehn von ihnen übersteigt bereits der Produktionswert das Bruttosozialprodukt von etwa 80 Mitgliedsstaaten der UNO;
– ihre finanziellen Reserven sind groß genug, um Währungen jederzeit unter Druck zu setzen;

– sie bestimmen von Land zu Land fast souverän ihre Verluste oder Gewinne und damit bis zu einem gewissen Grade auch ihre Steuern;
– ihre Wachstumsrate ist doppelt so groß wie die anderer Unternehmen.
Aus diesen Feststellungen ergibt sich die Forderung, die multinationalen Konzerne einer wirksamen multinationalen, in unserem Fall europäischen Kontrolle unterzuordnen und dabei auch die neue Größenordnung des Themas Mitbestimmung zu erkennen und geeignete Modelle zu entwerfen. Es gilt zu klären, ob und durch welche Mittel diese Giganten der Weltwirtschaft in den Dienst des Fortschritts der Menschen genommen werden können.
Mit großem Interesse habe ich gesehen, wie unsere schwedischen Freunde meinen, auch durch den Erwerb von Aktien mit Mitteln aus den Fonds der Zusatzpension zu mehr öffentlichem Einfluß gelangen zu können. Bei uns gehen die Bemühungen in eine etwas andere Richtung: Auf unserem letzten Parteitag wurde ein Konzept zur Vermögensbildung verabschiedet, das darauf abzielt, die Arbeitnehmer am Neuzuwachs des Produktivvermögens partizipieren zu lassen. Durch eine Abgabe der Großunternehmen, die in Form von Beteiligungswerten erhoben und an regionale und zentrale Fonds weitergeleitet werden soll, würden diese öffentlich kontrollierten Fonds investive Mittel zur Verfügung stellen und die Unternehmenspolitik in gewisser Hinsicht mit beeinflussen können. Es ist jedoch noch nicht abzusehen, in welchem Umfang und unter welchen Bedingungen sich ein solches Konzept durchsetzen läßt.

*III.*

Ich möchte noch kurz auf das Mißverständnis zurückkommen, als seien antidemokratische Rückschläge völlig auszuschließen. Bruno Kreisky tat recht daran, ein solches Mißverständnis zurechtzurücken. Ich habe übrigens noch in frischer Erinnerung, daß es 1966/67 bei uns nur einer Rezession bedurfte, um den Rechtsradikalen – die nicht ganz zutreffend als Neonazis bezeichnet wurden – viele Stimmen einzubringen. Allerdings ver-

mag ich nicht daran zu glauben, daß die heutigen deutschen Generationen ähnlich wie ihre Vorgänger in den dreißiger Jahren versagen würden; so einfach pflegt sich die Geschichte ja auch nicht zu wiederholen. Auf der anderen Seite erfüllt mich mit Sorge, wie sehr das demokratisch-parlamentarische Leben einer Mehrzahl westeuropäischer Staaten gegenwärtig durch Tendenzen der Verwirrung und Zersplitterung gekennzeichnet ist.
Es wäre reizvoll – zumal nach dem ermutigenden Zwischenergebnis der Außenministerkonferenz in Helsinki –, auch noch auf die Chancen dessen einzugehen, was Olof Palme eine mögliche »Periode von Entspannung und Sicherheit in Europa« nennt. Vielleicht später einmal?
Ich schreibe diesen Brief während der Sommerferien. Ich drücke beide Daumen für die schwedischen Wahlen im September.

Mit freundlichen Grüßen W. B.

## Gespräch in Schlangenbad am 2. Dezember 1973

*Am 2. Dezember 1973 trafen sich Brandt, Kreisky und Palme in Schlangenbad, um ihre Meinungen über aktuelle Fragen auszutauschen. In Verbindung mit dem sogenannten Yom-Kippur-Krieg hatte sich die Ölpolitik der OPEC-Länder radikal verschärft, und es lag auf der Hand, daß ein Teil des Gesprächs sich hierauf konzentrieren würde. Die folgende Wiedergabe des Gesprächs stützt sich auf eine Tonbandaufzeichnung.*

WILLY BRANDT Wie wir in der Bundesrepublik, wie die Industrienationen überhaupt mit den unmittelbaren Auswirkungen der Liefereinschränkungen der Ölländer und den steigenden Ölpreisen fertigwerden sollen, scheint mir noch ziemlich unklar zu sein. Sicher ist, daß ein tiefer Einschnitt bleiben wird, daß die Industrieländer sich erheblich werden umstellen müssen. Ohne Energiesparmaßnahmen – auch langfristige – wird es nicht gehen. Unsere Wirtschaftsstruktur wird sich – teilweise schmerzhaft – anpassen müssen; denn das wird in bestimmten Branchen notwendig von einem Verlust an Arbeitsplätzen begleitet sein. Uns stehen also mit Sicherheit große Schwierigkeiten ins Haus. Nicht alle, aber viele Menschen werden diese Schwierigkeiten ganz hautnah erleben. Dies erfordert ein hohes Maß an Solidarität, gegebenenfalls auch Opfer. Aber vielleicht lehrt uns die gegenwärtige Krise auch dies: Die Bürger sind oft weit einsichtsvoller und opferbereiter, als man gemeinhin annahm. Allerdings müssen die Gründe für eine solche Opferbereitschaft einsehbar sein. Die gegenwärtig offenkundige Bereitschaft der Menschen, sich etwas einzuschränken – beim Verbrauch von Heizöl, beim Verbrauch von Benzin, beim Verzicht auf kostenlose Kunststofftaschen –, zeigt das doch im Ansatz schon recht deutlich. Wer von uns hätte noch vor wenigen Wochen für möglich gehalten, daß die Bürger bereit sein könnten, an Wochenenden auf ihr Auto zu verzichten und in der Woche

Geschwindigkeitsbegrenzungen in Kauf zu nehmen? Daß wir es weiterhin mit erheblichen Störungen des internationalen Währungssystems zu tun haben werden, scheint mir auf der Hand zu liegen: Zahlungsbilanzdefizite in Milliardenhöhe bei den Industrieländern, bei den anderen überschüssige Gelder, die ja irgendwo wieder unterkommen müssen.

Noch eine Bemerkung, die sich auf die praktisch und sofort zu lösende Frage bezieht, wie wir die Ölversorgung bei uns zu Hause am besten sichern. Natürlich läuft auch bei uns die Diskussion, ob es nicht besser ist, das Öl zu rationieren und Höchstpreisvorschriften zu erlassen. In diesem Augenblick, da man die Dinge noch nicht in der Hand hat, wissen wir lediglich, daß es besser ist, Öl von nichtstaatlichen Gesellschaften zu beziehen, als es nicht zu beziehen; daß es besser ist, Öl teurer zu bekommen, als es gar nicht zu bekommen. Durch das bei uns beschlossene Energiesicherungsgesetz sind wir einigermaßen gewappnet.

BRUNO KREISKY   Die Frage der Ölversorgung stellt sich in jedem Land verschieden. Bei uns liegt das Problem ganz anders als zum Beispiel in der Bundesrepublik Deutschland. Und wir können folglich nicht so einfach irgendeinen gemeinsamen Nenner finden. Wir haben zum Teil eine eigene Ölproduktion aus unserer verstaatlichten Industrie und verfügen außerdem über das nötige Instrument zur Realisierung unserer Bevorratungsvorstellungen: nämlich über die verstaatlichten Ölgesellschaften. Wir lassen das Öl zur staatlichen Versorgung einfach durch die staatliche Ölgesellschaft lagern. Während die anderen Ölgesellschaften, wenn sie Öl lagern, mit gewisser Unterstützung des Staates rechnen können, ist die Verpflichtung zur Lagerhaltung dieser großen Gesellschaften mehr oder weniger in deren Ermessen gestellt. Es ist also – wie gesagt – in jedem Land anders. Wir kaufen ja auch. Aber wir haben eine Kontrolle, denn wir wissen, was Öl kosten darf, während das nicht der Fall ist, wenn man nur auf die ausländischen Ölgesellschaften angewiesen ist. Bei uns ergibt sich eine tägliche Spannung. Das heißt, es besteht ein ständiger Spannungszustand zwischen den westlichen Ölgesellschaften und der österreichischen Mineralölverwaltung. Dies hat – wie heute deutlich wird – eine ganze

Reihe von Vorteilen. Mein Schluß ist also, daß wir uns für eine weitere Diskussion eines vormerken, was diese Krise ganz klar zeigt: Wenn man nicht wenigstens einen partiellen staatlichen Einfluß auf den Import wichtiger Rohstoffe besitzt, ist man einfach – und eben das ist eine Erkenntnis, die man seinerzeit viel zu rasch ad acta gelegt hat – ein willenloses Objekt der großen Gesellschaften. In diesem Punkt ist man jetzt gewarnt.

Heute kann niemand mehr kommen und behaupten, es bedeute einen Schritt zum Radikalismus hin, wenn man sich nach den Erfahrungen, die wir mit der unzulänglichen Bevorratung durch die private Wirtschaft gemacht haben, auf den Standpunkt stellt, der Staat müsse sich zweckmäßigerweise selber helfen. Wenn es darum geht, eine defizitäre Eisenbahn- oder Autobuslinie weiterzuführen, wird ja auch gefordert, der Staat solle sie übernehmen. Ich glaube, hier und heute kann man ähnlich argumentieren; man betreibe keine Sozialisierung gegen den Willen der Menschen, denn hier habe man jetzt ihre Unterstützung. Und das ist ja für uns das wichtige.

OLOF PALME  Ich bin der gleichen Meinung. Diese kurzfristige Krise hat klargemacht, daß man eine staatliche Planung aufstellen sollte, auf welchen Gebieten eine teilweise direkte staatliche Beteiligung notwendig ist. Da ist aber noch ein völlig anderes Problem, das auch die Struktur unserer Gesellschaft angeht: Die westlichen Industriegesellschaften sind teilweise auf dem Vorhandensein von billiger Energie aufgebaut. Jetzt wissen wir, daß wir es hier mit einem langfristigen Problem zu tun haben. Die Zeit der billigen Energie ist vorbei. Und das wird in verschiedener Hinsicht eine große Veränderung unserer Gesellschaftsstruktur mit sich bringen, die natürlich nur unter Mitwirkung der Gesellschaft durchgeführt werden kann. Aber das gehört eben mit zum Wohlstand. Die Freunde des Umweltschutzes konnten leicht sagen: »Was spielt Energie schon für eine Rolle! Wir sind gegen den Ausbau der Wasserkraft, gegen den Ausbau der Kernkraft, gegen den Ausbau der Raffinerien. Die Energieprobleme werden sich auch ohne das schon lösen lassen.« Jetzt wissen wir, daß das keineswegs der Fall sein muß. Wir sehen vielmehr, wie weitreichend die Folgen bereits bei einer vorübergehenden Verminderung der Ölversorgung

um 25 Prozent sind. Wir benötigen auch weiterhin mehr Energie und müssen die Energiegewinnung planmäßig ausbauen. Wir können uns die Sache also nicht so leichtmachen. Aber wo wollen wir unseren erhöhten Wohlstand hernehmen? Es wird wohl so werden, daß der Wohlstand weniger von ›energieteuren‹, dafür aber mehr von anderen Dingen abhängen wird, zum Beispiel von den Sozialdiensten. Sie sind in diesem Sinne nicht ›energieteuer‹.
Alle diese Probleme, die kurzfristigen wie die langfristigen, werden zu einer teilweisen Umstrukturierung der Wirtschaft führen. Aber noch haben wir Einfluß auf das, was für die Lebensqualität wichtig ist. Und deshalb ist die Energiekrise auch insoweit nützlich, als sie zum Nachdenken anregt.

WILLY BRANDT Ich möchte die Frage einer Verstaatlichung in diesem Augenblick nicht vertiefen, obwohl ich dem zustimme, daß es ein Vorteil ist, in einer solchen Situation über eigenen Einfluß zu verfügen. Wir haben ihn uns nur unzulänglich und reichlich spät verschaffen können. Ich möchte den anderen Teil der Frage aufgreifen. Stecken in einer solchen Versorgungs-, einer solchen Verknappungskrise nicht auch Chancen – aus der Sicht unserer Vorstellungen? Ich glaube das. Aber man muß sehr aufpassen, wie man so etwas formuliert. Die Menschen könnten andernfalls meinen, man begrüße es vielleicht, daß es ihnen weniger gut geht, als es ihnen bisher gegangen ist. Aber ich will zwei Beispiele nennen: Erstens kann ein gewisser Umschichtungsprozeß vom Individualverkehr zum Nahverkehr, d. h. dem öffentlichen Nahverkehr in den Ballungsgebieten, kann eine Verlagerung von Kapazitäten von den Straßen herüber auf die Eisenbahn durch eine Krise dieser Art beschleunigt werden. Ein Vorgang, der sich andernfalls über sehr viel mehr Jahre erstreckt hätte, kann sich nun rascher vollziehen; der Ausbau des Nahverkehrssystems wird volkswirtschaftlich noch lohnender. Das ist der eine Punkt. Zum anderen glaube ich, daß, wenn die Krise eine Weile andauert, zu Buch schlagend andauert, ein technologischer Sprung dort eintreten wird, wo wir es sonst mit einer verhältnismäßig geruhsamen, kontinuierlichen technologischen Entwicklung zu tun gehabt hätten. Ich habe dieser Tage einmal etwas zynisch jemandem gesagt, nach

dem Kriege hätten die Alliierten den Deutschen den Gefallen getan, Betriebe zu demontieren. Man könne davon noch heute einige in England besichtigen. Wir Deutsche waren damals gezwungen, moderne Fabriken zu bauen. Das ist eine der Erklärungen für unsere ökonomische Entwicklung in den fünfziger und sechziger Jahren, die andere ein ›Wunder‹ genannt haben. Nun scheint es mir überhaupt keine Frage zu sein, daß bestimmte Programme, die wir sonst erst in den achtziger Jahren durchgeführt hätten, sich in diesem Westeuropa schon für die nächsten drei bis vier Jahre aufdrängen.
Zu der Frage, ob öffentliche oder nichtöffentliche Eigentumsformen, bin ich seit langem der Meinung, daß man sie von der Aufgabe und nicht vom Dogma her beantworten sollte. Es ist schon gut, das eine *und* das andere zu haben. Im Zusammenhang mit der Ölkrise werden die zu bewältigenden Aufgaben dafür sorgen, daß der Prozeß der Innovation durch unser eigenes Wirken und unter einem solchen Zwang von außen rascher vorankommen wird.

BRUNO KREISKY Ich glaube, daß wir, was die öffentlichen Ausgaben betrifft, zu neuen Prioritäten kommen werden.
So wird man wohl einen Teil des Geldes, das man bisher für den Ausbau von Straßen bereitgestellt hat, mit der größten Selbstverständlichkeit für den Ausbau der Eisenbahn zur Verfügung stellen müssen. Man wird auch andere Rentabilitätsgesichtspunkte berücksichtigen müssen. So gibt es zum Beispiel Nebenstrecken, die man bisher für unrentabel gehalten und dabei völlig ignoriert hat, daß die Eisenbahn ja ein umweltfreundliches Verkehrsmittel ist. Hier wird man neuere Gesichtspunkte, neuere Maßstäbe zugrunde legen müssen. Auch darin, glaube ich, stimmen wir überein. Man wird also nicht nur, was den Nahverkehr, sondern auch, was den Fernverkehr anbetrifft, zu einer ›Renaissance‹ der Eisenbahn kommen müssen, wobei ich nicht einmal glaube, daß es bei der Modernisierung ausschließlich um die Frage der höheren Geschwindigkeit gehen wird. Hier ist vor allem auch auf dem Gebiet der Sicherheit mehr zu tun. Die Frage ist überhaupt, ob manche Bahn so schnell sein *muß,* wie man das heute noch für selbstverständlich hält. Ich bin der Meinung, man sollte tatsächlich einmal ausrechnen,

welche Vorteile sich auf anderem Gebiet ergäben, wenn man weniger Wert auf die Schnelligkeit legte; wahrscheinlich wäre das eine ganze Reihe von Vorteilen. Das ist die eine Seite. Eine andere Sache, die mir in diesem Zusammenhang sehr wesentlich erscheint, ist die Sorglosigkeit in gesellschaftspolitischer Beziehung. Hier hat es eine besonders gefährliche Entwicklung gegeben. Man war der Meinung, daß sich Krisen wie die Anfang der dreißiger Jahre nicht wiederholen könnten. Nun sehen wir von einem Tag zum anderen, wie durch politische Ereignisse eine Gefährdung unserer wirtschaftlichen Situation im Weltmaßstab eintritt – eine Gefährdung, wie man sie noch vor wenigen Monaten nicht für möglich gehalten hätte. Man hatte sich vorgestellt, daß die Entwicklung weltweit in völlig neuen Bahnen verlaufen werde. Man erlebte eine Prosperität, die zwar durch etliche Rezessionen unterbrochen wurde, die mehr oder weniger lange andauerten, aber ohne echte Krisenerscheinungen abliefen. Jetzt plötzlich merkt man, daß wir vor einer Entwicklung stehen, die man nicht einfach bagatellisieren kann. Und damit gewinnen alle die Pläne, die für die wirtschaftliche Reform unserer Gesellschaft notwendig sind, an Bedeutung; und man beginnt, sich wieder auf das sozialistische Gedankengut zu besinnen. Ich finde das nicht an sich erfreulich, sondern ich halte es für wichtig, daß man das tut. Und damit komme ich wieder auf das zurück, was ich schon im Briefwechsel angedeutet habe: Wir befinden uns, so glaube ich, in der Anfangsphase einer Renaissance des planwirtschaftlichen Denkens. Es wird anders aussehen als früher und auf die Erfahrungen aufbauen, die wir gesammelt haben. Ich halte das für sehr wesentlich, und wir müssen den Mut haben, das auch offen zu sagen. Wir werden damit bei den Bürgern auf breite Zustimmung stoßen. Sie werden unsere Maßnahmen nicht mit all jenen vergeblichen Planungsversuchen gleichsetzen, die in den kommunistischen Staaten seit Jahrzehnten immer wieder unternommen werden.

OLOF PALME  Das ist natürlich richtig. Hier stellt sich eine andere programmatische Frage. Wir haben im Zusammenhang mit unserer Wirtschaftspolitik, mit unserer Wachstumspolitik auf soziale Mobilität gesetzt. Die sozialen Spannungen sind durch Mobilität auch teilweise beseitigt worden. Das Bruttosozialprodukt hat uns dabei nicht im Stich gelassen, und wir haben gewisse Probleme lösen können. Auch wir haben ja den Menschen gesagt, daß es ihnen zwar gut ginge, daß ihre Kinder es aber noch um vieles besser haben würden und daß wir dann in der Lage wären, die Probleme weitgehend zu lösen. Wir haben ihnen eine bessere Ausbildung, bessere Berufschancen versprochen, als ihre Väter sie hatten. Aber in einer solchen neuen Situation wie der jetzt gegebenen kommt es uns insgesamt mehr auf sozialen Ausgleich als auf soziale Mobilität an. Und das ist eine sehr viel schwierigere Aufgabe. Denn sobald nicht mehr immer mehr zu verteilen ist, wird die Frage der Verteilung erheblich erschwert. Aber man muß sich allmählich mit diesem Gedanken abfinden. Ich kenne keine andere Bewegung als die sozialistische, die die Möglichkeit hätte, diese Probleme anzupacken. Denn Kapitalismus wie Kommunismus sind ja ganz auf Wachstum programmiert.

BRUNO KREISKY   Sie haben in diesen Zeiten mehr aufzuholen gehabt.

OLOF PALME   Natürlich. Das ändert sich auch nicht von heute auf morgen. Die Probleme erscheinen nur ein wenig anders, und dadurch auch die politischen Perspektiven. Und zu diesen gehört eben weniger soziale Mobilität, dafür mehr sozialer Ausgleich.

WILLY BRANDT   Das bedeutet eine neue Dimension des Bemühens um mehr Verteilungsgerechtigkeit. Denn wir hatten uns hier, ausgehend von der Vorstellung eines mit relativ hohen Raten sich kontinuierlich entwickelnden Sozialprodukts, zum erheblichen Teil darauf beschränkt, uns vor allem um die Zukurzgekommenen, die gesundheitlich oder auf andere Weise Benachteiligten zu kümmern, also um diejenigen, die im Schatten der Wohlstandsgesellschaft leben oder gar ihr Opfer sind. Entwicklungen wie die jetzige werden uns durch die von ihnen geschaffenen Probleme vor neue Aufgaben stellen, was soziale Gerechtigkeit angeht, und das gilt auch für die nicht auf solche Weise Benachteiligten.

So wird es ganz konkret auch darauf ankommen, daß ein weiteres Auseinanderklaffen der Einkommenszuwächse verhindert wird, daß darüber hinaus die unteren Einkommen relativ stärker wachsen als die oberen. Und es wird noch wichtiger werden, Privilegien abzubauen, von denen sich bei immer wenigeren behaupten läßt, daß indirekt die breiten Schichten letztlich auch davon profitierten.

BRUNO KREISKY Ich habe dafür sehr viel Verständnis. Ich weiß auch, daß es sehr, sehr schwer sein wird, viele Menschen unter bestimmten Umständen davon zu überzeugen, daß sie zugunsten anderer auf das eine oder andere verzichten müssen. Hier wäre noch eine andere Frage zu stellen. Ich bin gar nicht überzeugt, daß wir mit unseren Ressourcen so rationell umgegangen sind, daß wir jetzt so hastig auf eine völlig andere Linie umschalten müssen. Wir wissen zum Beispiel genau, daß wir durch unseren Energieverbrauch Energie verschwendet haben. Wir haben die Leute, wir haben die Wirtschaft ermuntert, für alles mögliche Reklame zu machen, obwohl wir ganz genau gewußt haben, daß das überflüssig ist. Wir haben sie zu gewissen Ausgaben für den Verbrauch von Energie ermuntert, einen Verbrauch, der für den Lebensstandard und für das Wachstum uninteressant war. Wir haben andererseits große Entwicklungsmöglichkeiten auf dem Energiesektor überhaupt nicht genutzt. So gibt es bis heute keinen echten europäischen Verbund, obwohl jeder, der sich mit diesen Problemen beschäftigt, inzwischen die Bedeutung eines solchen Verbundes erkannt hat. Gäbe es ihn, dann könnten wir uns einen großen Teil der gegenwärtigen Energiekrise ersparen und hätten außerdem einen wesentlichen Beitrag zur Integration der Völker in Europa, zu ihrer Zusammenarbeit geleistet. Ich bin davon überzeugt, daß es auf vielen anderen Gebieten noch zahlreiche Möglichkeiten gibt, die wir nutzen könnten und sollten, ehe wir von der Wachstumspolitik, von einer vernünftigen und vertretbaren Wachstumspolitik, abgehen. Solange wir unsere Wirtschaft, unsere Ressourcen noch nicht so rationell einsetzen, wäre das, glaube ich, noch ein bißchen früh. Das gilt ebenso für Dutzende von Beispielen, auch was andere Gebiete betrifft. Nun steckt darin aber auch etwas, das mir gar nicht so unvernünftig erscheint. Die Entwicklungshilfe, auf die ich hier in allen Aspekten, in allen Einzelheiten gar nicht eingehen will, beginnt sich jetzt – meiner Meinung nach – ein wenig selber ad absurdum zu führen. Es zeichnet sich so etwas wie Waffengleichheit ab; Länder, die nur Rohstoffe besitzen, werden sich des Wertes ihrer Rohstoffe bewußt und verlangen dafür mehr Geld, d. h., sie verlangen dafür mehr Waren. Und hier setzen auf einer neuen Ebene neue *terms of trade* ein, die nicht nur rein wirtschaftliche, sondern ein Höchstmaß an politischer Bedeutung haben. Und das gilt, wie wir ja schon bei anderen Gelegenheiten gehört haben, für viele Rohstoffe. Die Zeit, da die *terms of trade* für die rohstoffproduzierenden Länder sich ununterbrochen verschlechterten, scheint wirklich vorüber zu sein. Oder aber – und das ist jetzt das große Fragezeichen – wir geraten in eine echte wirtschaftliche Depression, denn dann bekommen diese Länder natürlich nichts für ihre Rohstoffe, weil man diese dann nämlich nicht braucht.

WILLY BRANDT  Was aus den Entwicklungsländern werden soll, die weder über Öl noch über Rohstoffe verfügen, ist bisher völlig offen. Wie soll eigentlich der Kunstdünger bezahlt werden, der für die Ernährung der Bevölkerung gebraucht wird? Laßt mich ein paar zusätzliche Bemerkungen machen.
Sieht man einmal ab von dem unmittelbaren Anlaß, nämlich, daß das Öl als politische Waffe eingesetzt wurde, so bleibt allenfalls zu verurteilen, daß von diesen Staaten offensichtlich akute Versorgungskrisen und weltweite Beschäftigungskrisen in Kauf genommen werden. Ich meine damit, daß wir nach der Unterbezahlung vergangener Jahre kaum das Recht haben, die Tatsache der zwischen diesen Ländern abgesprochenen Preiserhöhungen anzuprangern, sondern allenfalls, daß dies so abrupt kam, wobei im übrigen die Rolle der multinationalen Ölkonzerne und deren Informationsmangel noch eingehend durchleuchtet werden müssen.
Tatsache ist wohl auch, daß die entwickelten Staaten auf Kosten der Öl- und Rohstoffländer gelebt und dabei nicht allzu schlecht gelebt haben, also bis heute Nutznießer waren. Im übrigen warne ich vor Versuchen, erneut mit Formen vergangener imperialistischer Machtpolitik zu liebäugeln. Mehr denn je

kommt es jetzt auf internationale Kooperation an, und zwar auf gleichberechtigte Zusammenarbeit zwischen den Staaten, wobei auch diejenigen einzubeziehen sind, die jetzt besonders ins Hintertreffen geraten.

Im Hinblick auf das, was wir bei den Rohstoffen sehen, spricht im übrigen viel für die Organisierung von Teilmärkten. Ein Gedanke, dem gegenüber ich selber sehr skeptisch gewesen bin, zumal er, was einige Landwirtschaftsprodukte angeht, für die man die Teilmarkt-Organisierung begonnen hat, nicht ganz überzeugend wirkte. Es gibt keine vernünftige Alternative als die, den Versuch zu machen, zwischen Verbraucherländern und Erzeugerländern zu beiderseits akzeptablen Austauschbedingungen zu kommen. Die Gefahr, die ich bereits angedeutet habe, ist folgende: Unter den Ländern, die nicht nur sagen, daß man für Rohstoffe statt wie bisher zu wenig, nun viel mehr bekommen müsse, jedenfalls erheblich mehr als bisher, gibt es solche, die diese Möglichkeit einsetzen wollen, um ihr eigenes Land zu entwickeln. Daneben gibt es andere, die das nicht können oder anscheinend gar nicht vorhaben. Folglich werden in einem Jahr zusätzlich 35 bis 40 Milliarden Dollar vagabundieren, die aus den Einnahmen dieser Länder stammen. Und diese Summe kann sich im nächsten Jahr auf 50 bis 60 Milliarden Dollar erhöhen und zur Ursache von – ich weiß nicht welcher – Unordnung im Weltwährungssystem werden, das zu ordnen wir im übrigen im Begriff schienen.

BRUNO KREISKY  Das bleibt meiner Ansicht nach ein vergebliches Unterfangen, solange man die quälende Dollarspekulation nicht kontrollieren kann. Wenn es tatsächlich so ist, daß man sich einfach ein paar Milliarden Dollar aus anderen Gründen als denen der eigenen wirtschaftlichen Entwicklung verschaffen kann, dann hilft überhaupt keine der Sanierungsbemühungen um das Weltwährungssystem. Das würde dann eine Sisyphusarbeit. Ich glaube, hier wird man wahrscheinlich zu anderen Lösungen kommen müssen.

OLOF PALME  Das, was uns zu schaffen macht, ist eine Veränderung der *terms of trade* zugunsten der Rohstoffe oder gewisser Rohstoffe. Aber aus rein vernunftsmäßigen Gründen ist es ja das, wofür wir uns immer ausgesprochen haben, ganz einfach eine Gleichberechtigung der Rohstoffproduzenten, die ausgebeutet worden sind.

BRUNO KREISKY   Bisher sind die Rohstoffpreise in der Regel dann gestiegen, wenn man mit Rohstoffen spekulierte. Jetzt erleben wir zum erstenmal, daß die Länder, die über Rohstoffe verfügen, dafür einen höheren Preis haben wollen.

OLOF PALME   Aber das Öl kommt doch wahrscheinlich aus anderen Gebieten. Teilmärkte – dafür sind wir ja immer gewesen, wenn man Teilmarkt und internationale Planung als ein Mittel der Absicherung und des Preisausgleiches nutzen kann. Da gibt es also ein gegenseitiges Interesse. Die Schwierigkeit liegt dagegen in der spezifischen Veränderung der *terms of trade*. Das bedeutet ja nicht einen Ausgleich zwischen armen und reichen Ländern, sondern vielmehr, daß gewisse Länder, die sowieso schon recht gut dastehen, noch reicher werden. Das Problem ist also in gewissem Maße das Geschäft. Denn es wird zu einem Glücksspiel, wer was bekommt.

BRUNO KREISKY   Das ist Zufall.

OLOF PALME   Ja. Aber das ist ja gerade das Problem. Viele Länder nehmen soziale Investitionen in ihrem eigenen Land vor. Da sieht man, wie höhere Einnahmen genutzt werden können. Andere Länder tun das nicht; ihre Einnahmen gelangen als Spekulationsgeld auf den internationalen Markt. Diese Länder werden auch weniger geneigt sein, internationale Abkommen zu treffen. Sie können den Markt nicht nur ausnützen, sie werden auch nahezu unabhängig vom internationalen Markt. Und ich habe bis jetzt keinen Vorschlag gehört, wie man dieses Problem lösen könnte. Es ist gesagt worden, man solle diese Länder dafür interessieren, ihr Geld in den reichen Industriestaaten zu investieren. Das löst aber keine Weltprobleme. Man hat gesagt, sie sollten in armen Ländern investieren, aber das wird sich für sie nicht lohnen. Sie erhalten dann weniger zuruck, als wenn sie das Geld bei einer Sparkasse in einem Industrieland anlegten. Bleibt die Frage, wie sich die Rohstoffländer

der Dritten Welt künftig den anderen Ländern gegenüber verhalten werden. Das ist nun wirklich schwer vorauszusehen.

WILLY BRANDT  Es bleibt im Grunde nur der Weg, die von den Ölländern vereinnahmten, aber nicht in den eigenen Staaten investierten Gelder über den Umweg der Industriestaaten in die armen Länder zu lenken. Wie man das technisch machen kann, weiß ich jetzt auch nicht.

BRUNO KREISKY  Ich glaube, daß man alle diese Probleme lösen kann. Am Schluß reduziert sich doch alles auf ein politisches Problem. Es gibt in einer bestimmten Region der Welt Länder, die reich sind, weil sie Rohstoffe haben und dafür einen hohen Preis verlangen können. Es stellt sich die Frage, wie lange sie dazu in der Lage sind: So lange, wie diese Rohstoffe in dieser Menge gebraucht werden. Zweitens gibt es in derselben Region Länder, die diese Rohstoffe nicht haben, die also arm sind. Dadurch entsteht eine, wie ich glaube, politische Situation, die nach einer Lösung drängt. Wir können also die Sozialpolitik, die sozialen Probleme der Dritten Welt nicht allein von uns aus lösen. Mir scheint zum Beispiel die Frage der arabischen nationalen Revolution viel wichtiger zu sein. Wer verfügt über die gigantischen Rohölvorräte der arabischen Welt?
Sollen das ein paar Familien oder sollen es die Völker sein? Diese Frage wird sich meiner Meinung nach eines Tages unweigerlich stellen, vor allem dann, wenn man die politischen Interessen dieser Völker richtig sieht und sie nicht auf Nebenkriegsschauplätze ablenkt. Wie gesagt – meiner Ansicht nach werden die historischen Augenblicke kommen, in denen das Schicksal von 100 Millionen entschieden wird.

# Olof Palme *Brief vom 29. April 1974*

Lieber Willy, lieber Bruno!

Der Parlamentarismus in Europa befindet sich zur Zeit in einer geradezu chaotischen Lage. Von verschiedenen Seiten wird befürchtet, daß es um die Zukunft der Demokratie nicht zum besten steht.
Der langjährige schweizerische Finanzminister Celio äußerte kürzlich: »Die siebziger Jahre erweisen sich als eine Periode, in der es außerordentlich schwer ist zu regieren.« Diese Feststellung läßt sich anhand der Wahlergebnisse mühelos belegen. Die Sozialdemokraten Österreichs und der Bundesrepublik Deutschland konnten sich zwar mit einer verbreiterten parlamentarischen Basis an der Regierung behaupten. Und die Sozialdemokratische Partei Schwedens hat als einzige in Europa zwei Wahlen überstanden, ohne ihre Regierungsmacht zu verlieren. So kann jeder von uns auf Erfreuliches hinweisen. Und doch würde keiner von uns zu behaupten wagen, das Leben in der Regierungsverantwortung sei problemlos. Im übrigen kam es in Großbritannien, Italien, Norwegen, Dänemark, Finnland, Island, in den Niederlanden, in Belgien und anderswo zu oft mehrmaligem Regierungswechsel.
Die Rückschläge für die Regierungen waren häufig nicht gleichbedeutend mit Erfolgen für ihre sogenannten etablierten Oppositionen. Statt dessen bekamen allerlei Splittergruppen, die Unzufriedene mobilisierten, Extremisten von rechts und links sowie regionale Gruppierungen Aufwind. Besonders gefährdet war hier das traditionell stabile Skandinavien, wo man sich in einer relativ kurzen Zeitspanne mit Politikern wie Vennamo, Glistrup und Anders Lange herumschlagen mußte.
Die Folge sind vielfach Minderheitsregierungen mit brüchiger parlamentarischer Basis sowie Koalitionen, darunter einige, die nur äußerst schwierig zusammenzuhalten sind. Klare Mehrheitsregierungen existieren wohl nur in Österreich und Frank-

reich. Im ersten Fall handelt es sich um eine echte, im zweiten um eine durch das Wahlsystem bedingte Stabilität.

In dieser Situation ist es in ganz Europa schwierig geworden, Politik zu betreiben, die etwas bewirkt. Die zahllosen Zeitungsartikel über das Mißtrauen der Wähler gegenüber den etablierten Politikern spiegeln das wider.

Aber diese Erklärung ist trotz allem zu einfach, um glaubhaft zu wirken. Gewiß besteht Anlaß zu berechtigter Kritik an Parteien und Politikern. Es bedarf jedoch nicht einmal marxistischer Schulung, um zu erkennen, daß die Ursachen tiefer liegen müssen. Die derzeitige Entwicklung hängt eng mit der Wirtschaftsstruktur zusammen.

Was wir gegenwärtig erleben, könnte man als ›Katerstimmung‹ der Industriegesellschaft bezeichnen. Die Nachkriegszeit war in materieller Beziehung außerordentlich erfolgreich. Die Produktion in unseren Ländern erhöhte sich um mehr als das Doppelte. Das heißt, daß wir in zwanzig Jahren eine ebenso hohe Steigerungsrate erzielt haben wie alle früheren Generationen zusammengenommen. Dadurch entstand ein expansives, optimistisches Klima. Der Lebensstandard der großen Lohnempfängergruppen verbesserte sich erheblich. Armut und Not früherer Zeiten konnten zum größten Teil beseitigt und auf vielen Gebieten Verbesserungen erreicht werden: im Bereich der sozialen Sicherheit, der Ausbildung und auf dem Wohnungssektor. Dadurch fühlten sich die Menschen zweifellos freier und sicherer.

Betriebsleiter, Gewerkschaften und Politiker konnten den materiellen Fortschritt für sich nutzen. *Life is better with the Conservatives,* lautete Macmillans Slogan bei der Wahl von 1959. *Keine Experimente* – mahnte Konrad Adenauer. Und der Gerechtigkeit halber sei hinzugefügt, daß der Wahlsieg der schwedischen Sozialdemokratie 1960 mit der Parole *Mach gute Zeiten besser* errungen wurde.

Allmählich brach sich jedoch die Erkenntnis Bahn, welchen Preis man für das Wachstum bezahlt hatte: aus dem Arbeitsprozeß ausgeschaltete Menschen, Umweltzerstörung, gewaltige Strukturveränderungen, vielerorts zunehmendes soziales Gefälle, bedingt durch Technisierung und wirtschaftliche Machtkonzentration. Hinzu kommt die immer rascher ansteigende In-

flationsrate, die in besonderem Maße zur Unsicherheit der Zukunft gegenüber beiträgt.
Diese Unruhe wird weiterhin gefördert durch die Entwicklung, die sich weltweit abzeichnet. In der Zeit der Massenmedien muß sich wohl jeder darüber im klaren sein, welche schwerwiegenden Probleme Übervölkerung, Lebensmittelmangel und Armut mit sich bringen. Ständige Kriege und Krisen erinnern daran, wie unsicher noch alle Bemühungen um Frieden und Verständigung bleiben.
Die Zeiten des billigen Fortschrittsglaubens sind endgültig dahin. Wir werden im Gegenteil ständig belehrt, daß unsere Rohstoffe begrenzt sind, daß Umweltzerstörung und Klimaveränderungen die Grundbedingungen menschlichen Lebens gefährden, daß Bevölkerungsexplosion und Nahrungsmangel immer bedrohlichere Ausmaße annehmen.
Die Warnungen der Wissenschaftler erfüllten eine wichtige Aufgabe. So ist man auf einem Symposion der Vereinten Nationen in Stockholm kürzlich zu dem Schluß gekommen, daß »bei vernünftiger und rationeller Nutzung Mineralien, Energie, Erde, Wasser und andere Naturvorräte ausreichen dürften, um den Bedarf einer wachsenden Erdbevölkerung auf viele Jahrzehnte hinaus decken zu können«. Hierbei ginge es vor allem darum, eine politische Organisation auf internationaler Ebene zu schaffen und die Verteilung auf nationaler und multilateraler Basis zu regeln. Im politischen und sozialen Bereich wird es wahrscheinlich viel früher zu Konflikten kommen als zu einer Krise im Zusammenhang mit den Ressourcen.
Fehlt die Zuversicht, daß man eine Lösung für diese Probleme finden kann, tragen die bedrohlichen Zukunftsperspektiven dazu bei, die Unsicherheit, das Gefühl der Ohnmacht zu verstärken. In der heutigen Welt ist es nur zu leicht, den Überblick zu verlieren und die menschlichen, sozialen Ziele hintanzustellen.
Historische Parallelen sind zweifellos immer fragwürdig. Trotzdem könnte ich mir vorstellen, daß in den zwanziger Jahren eine zum Teil ähnliche Stimmung herrschte. Man hatte eine Periode beispiellosen materiellen Fortschritts hinter sich. Es gelang jedoch nicht, der Massenarbeitslosigkeit und der Massenarmut, der ständig wiederkehrenden Krisen Herr zu werden. Und niemand war imstande, einen anderen Ausweg anzubie-

ten, als entweder wie bisher weiterzumachen oder aber die Gesellschaft total zu verändern. Im Grunde handelte es sich um eine politische Krise, die jede Initiative, jede Handlungsfähigkeit lähmte und zum Verfall der Demokratie führte. Das Solidaritätsgefühl war ins Wanken geraten. Dadurch entstand Spielraum für allerlei Irrlehren, für Politiker, die ihr Geschäft mit der Unzufriedenheit machten, und schließlich erscholl gar der Ruf nach starken Männern. Wir wissen, wie das endete. Aber wir wissen ebenso, daß die Demokratie in einigen Ländern Energie und Widerstandskraft zu entwickeln vermochte, und zwar einfach deshalb, weil es dort gelang, Zukunftsglauben und Solidaritätsgefühl neu zu entfachen. Eine in etwa vergleichbare politische Krise erleben wir heute. Ihre Wurzeln sind großenteils in Verhältnissen außerhalb Westeuropas zu suchen. Zwei Supermächte üben einen dominierenden Einfluß auf die Welt aus. Das politische und militärische Machtpotential hat sich immer mehr auf sie konzentriert. Gleichzeitig wurde das Kapital internationalisiert und auf eine multinationale Großfinanz konzentriert.
Doch was steckt hinter dem Antlitz der Macht? Was stellen die beiden riesigen Machtapparate dar?
Sie repräsentieren zwei verschiedene politische Systeme. Die Ideale, die sie proklamieren, gehen auf die europäische Aufklärung zurück; auf den Liberalismus und auf den Sozialismus. Beides politische Richtungen mit revolutionärem Charakter.
Die eine Supermacht ist als rein kapitalistische Gesellschaft organisiert. Sie macht gerade jetzt eine schwere politische Krise durch. Ihre äußere Macht steht in krassem Widerspruch zu der Unfähigkeit, die enormen inneren sozialen Spannungen und Probleme zu lösen. Ihre Ideale wurden im Vietnamkrieg schwer korrumpiert. Vor ihrer Haustür liegt Lateinamerika, beherrscht von Feudalherren, von ausländischen Ausbeutern im Verein mit Militärjunten. Die USA scheinen unfähig, den Befreiungsprozeß auf diesem Subkontinent zu begreifen und ihm konstruktiv zu begegnen. Ihre Einstellung zu den lateinamerikanischen Befreiungsbestrebungen ist ebenso engstirnig und kurzsichtig, wie sie es seinerzeit in den Fällen Mao Tse-tung und Ho Chi Minh war. Diese Weltmacht fühlt sich bedroht, wo immer auf der Erde arme Völker soziale und nationale Befreiung

anstreben. Aber diese Befreiung ist notwendig und unausweichlich.
Die andere Supermacht repräsentiert nach über fünfzig Jahren ein System, das in Dogmatismus und Bürokratismus erstarrt ist. Den Freiheitsbewegungen in der eigenen Machtsphäre begegnet es mit Skepsis und Mißtrauen, im schlimmsten Fall mit Panzern. Aber es kann wohl kein Zweifel daran bestehen, daß die Freiheitsbestrebungen in verschiedenen Formen weitergehen werden. Sie sind ebenfalls notwendig und unausweichlich.
Die europäischen Konservativen stellten die Vereinigten Staaten lange Zeit als Musterbeispiel für die Überlegenheit des Kapitalismus hin, während die Sowjetunion in ihren Augen den Sozialismus ein für allemal disqualifizierte.
Sie bekamen dabei Schützenhilfe von den westeuropäischen kommunistischen Parteien, die seit ihrem Bestehen an die Sowjetunion gebunden waren und blieben. Sie organisierten sich auf dieselbe Weise wie Lenins straff zentralistische Partei in der Sowjetunion. Und die Sowjetunion war auch das leuchtende Vorbild, an dem sie ihre Zielsetzungen orientierten. Dadurch fügten sie dem Sozialismus großen Schaden zu.
Jahrzehntelang galten die zwei Systeme als die beiden Hauptalternativen. Und jahrzehntelang fanden sie Anhänger in den verschiedensten politischen Lagern. Der Kapitalismus verhieß den Menschen Freiheit, Demokratie und Fortschritt. Die Kommunisten verhießen den Menschen Freiheit, Demokratie und Fortschritt.
Natürlich sind diese Systeme in mancher Hinsicht erfolgreich gewesen. Sie haben als Staaten – zum Glück für die Welt – eingesehen, daß sie angesichts eines militärisch so gigantischen Machtpotentials zusammenarbeiten müssen, um die totale Vernichtung zu verhindern. Das ist der konstruktive Inhalt der Entspannungspolitik. Selbstverständlich müssen sich alle Länder konstruktiv an ihr beteiligen. Das heißt auch, daß wir mit Staaten völlig anderer Gesellschaftsordnungen in verschiedenen Formen zusammenarbeiten und zum offenen Dialog mit ihnen bereit sein müssen. Andererseits aber steht fest, daß der Kapitalismus, den die USA als Wortführer vertreten, gefolgt von den westeuropäischen Konservativen und Kapitaleignern, und der Leninismus, den die Sowjetunion an führender Stelle ver-

tritt, gefolgt von den ost- und westeuropäischen kommunistischen Parteien, ihre sozialen Zielsetzungen nicht verwirklichen konnten. Das bedeutet, daß sich Europa endlich von diesen beiden Denksystemen freimachen könnte.
Sowohl der konservative Liberalismus, dem der amerikanische Kapitalismus huldigt, als auch der Marxismus, den die Sowjetunion vertritt, haben ihre Wurzeln in Europa. Der Marxismus mit seinem Glauben an den Menschen und an seine Befreiung, mit seiner Forderung nach Demokratie von der Basis aus wurde durch den Leninismus völlig verfälscht. Die demokratische Gleichheitsidee des Liberalismus verkam zur Konzentration wirtschaftlicher Macht für wenige und zur Entstehung großer sozialer Unterschiede für viele. Der demokratischen sozialistischen Arbeit in Europa wurde von zwei Seiten Widerpart geboten: sowohl der Kapitalismus als auch der Bolschewismus bekämpften sie. Amerika und die Sowjetunion aber, so läßt sich sagen, reexportierten ihre politischen Varianten nach Westeuropa.
Man sollte annehmen, daß es den fortschrittlichen Kräften Europas nun, da diese Systeme geschwächt sind und ihre Schlagkraft verlieren, leichtfallen müßte, zu ihren eigenen Wurzeln zurückzufinden, zu ihren demokratischen und sozialen Idealen. Das ist jedoch alles andere als sicher. Ebensogut kann es zu einer Polarisierung führen. In der enttäuschten Linken, die früher auf den monolithischen Kommunismus eingeschworen war, kommt es jetzt zu Spaltungen. Da gibt es u. a. Stalinisten, Trotzkisten, Leninisten, verschiedene Splittergruppen und Sekten, die sich mit ihrem Elitedenken gegenseitig bekämpfen. Hinzu kommt die Erfahrung der Handlungsunfähigkeit, der Schwierigkeit, die gesellschaftliche Entwicklung zu beeinflussen und sie in andere Bahnen zu lenken.
Diese Linkskräfte zeigten anfangs eine beachtliche Frische. Sie wiesen auf eklatante Mißstände hin und brachten sogar teilweise neue Gedankengänge in die Diskussion ein. Dann kam es jedoch zu einem Erstarrungsprozeß; verbissen suchten sie nichts als Konfrontation und entwickelten geradezu eine Sucht, die Rolle der Verfolgten zu spielen. Das ging so weit, daß es – wie es ein schwedischer Liberaler formulierte – schließlich für sie zum ungeschriebenen Gesetz wurde, jeden Politiker, der

nicht völlig einflußlos ist, als Verschwörer gegen die Menschenrechte hinzustellen. Ein Linker aber, der sich aus eigenem freien Willen ins Abseits begibt, kann nicht auf Resonanz rechnen.
Das gleiche Phänomen findet sich auf konservativer Seite. Man sieht die Mißerfolge der eigenen Politik. Wir hören pausenlos die alten Schlagworte von der Überlegenheit der freien Initiative, des privaten Unternehmertums und des freien Wettbewerbs und vom Staat, der eine Bedrohung der Freiheit darstelle. Sobald jedoch diese konservativen Ideen in die Tat umgesetzt wurden, erlitten sie Schiffbruch. Es ist unbestritten, daß man in konservativ regierten Ländern sehr schnell bei staatlichen Subventionen, staatlichen Reglementierungen, schärferen dirigistischen Maßnahmen – beispielsweise in der Lohnpolitik – landete, als wir Sozialdemokraten sie glaubten akzeptieren zu können. Diese Entwicklung muß als unerhörter Sündenfall gegen die rechte Lehre erscheinen. Die Konservativen haben im Grunde weitaus weniger gezögert als die Sozialdemokraten, sich des Staates zur Verwirklichung ihrer Ziele zu bedienen. Es hängt eben ganz davon ab, in wessen Interesse man sich des Staates bedient. Ferner ist unbestreitbar, daß konservativ regierte Länder in größerem Umfang von sozialen Konflikten und Konfrontationen, von Unterschieden und Gegensätzen zwischen den Gesellschaftsgruppen betroffen wurden als jene, in denen man versuchte, eine konstruktive Wohlstandspolitik zu betreiben, die soziale Sicherheit und sozialen Ausgleich zum Ziel hatte. Wenn aber eine konservative Politik zu Konfrontationen und Kämpfen führt, liegt es nahe, die Schuld für die Gegensätze und Mißerfolge den Armen, den Benachteiligten in die Schuhe zu schieben und den Ausweg in einer noch schärferen Kontrolle der Lohnempfängergruppen, in einer noch strikteren Wahrung der Privilegien zu suchen.
Es besteht somit die Gefahr, daß die politische Zersplitterung zur Polarisierung führt. Und dabei könnte sowohl die Linke als auch die Rechte auf eine Radikalisierung zusteuern, die große Mehrheit der Staatsbürger dagegen zumindest vorübergehend politisch abstinent werden, leichter allerlei Irrlehren zum Opfer fallen und sich von Furcht leiten lassen, statt von dem klaren Willen, eine bessere Gesellschaft aufzubauen. Das gefährdet die Solidaritätsidee, die Voraussetzung ist für den sozialen

Fortschritt. Unter diesem Aspekt kann ein drohender Verfall der Demokratie und des politischen Lebens sehr wohl Unruhe auslösen, was in äußerster Konsequenz entweder in Faschismus oder in dogmatischen Kommunismus münden kann. Denn beide bieten eine straffe Ordnung an und verlangen weder Rücksichtnahme noch Toleranz.

Aufgabe der Sozialdemokratie muß es sein, die Menschen für eine Alternative zu privatem Kapitalismus und bürokratischem Staatskapitalismus stalinistischer Art zu gewinnen. Das ist um so wichtiger, als die Sozialdemokratie die progressive politische Tradition in Europa, den menschlichen und demokratischen Sozialismus vertritt. Gewiß haben wir in der Vergangenheit viele Irrtümer begangen, sowohl international als auch in unserer eigenen Entwicklung. Aber wir nehmen eine freiere Haltung gegenüber der einseitigen Wachstumsphilosophie ein, die zum Kennzeichen des Kapitalismus und des Kommunismus wurde. Die Tradition des demokratischen Sozialismus besagt, daß man die sozialen Bedingungen des einzelnen, seine Beziehungen zu anderen und die Forderung nach Gemeinschaft in den Mittelpunkt der gesellschaftlichen Arbeit stellt. Man fordert voneinander Solidarität, Fürsorge für andere und Streben nach Zusammengehörigkeit. In der heutigen Gesellschaft eine gute Tradition.

Welche Möglichkeiten hat nun die europäische Sozialdemokratie, ihre Ideen in die Tat umzusetzen?

Die Sozialdemokratie ist heute die stärkste politische Kraft in Westeuropa. Insgesamt haben unsere Parteien parlamentarisch eine stärkere Position als je zuvor. Von fünfzehn westeuropäischen Regierungen werden zum jetzigen Zeitpunkt sieben von Sozialdemokraten geführt (Bundesrepublik Deutschland, Österreich, Großbritannien, Norwegen, Schweden, die Niederlande, Finnland); an drei weiteren ist die Sozialdemokratie beteiligt (Italien, Irland, die Schweiz). In vier Ländern wird die Regierung von rein bürgerlichen Parteien getragen (Frankreich, Belgien, Luxemburg, Dänemark), in Island von einer Koalition aus Volkssozialisten mit einer bürgerlichen Partei.

Dennoch reicht das nicht aus, um eine völlig eigene Politik betreiben zu können. Nur in Österreich hat die Sozialdemokratie die Mehrheit im Parlament. In den übrigen Ländern gibt es entweder eine Minderheitsregierung oder eine Koalition mit bürgerlichen Gruppen.

Dadurch gerät die Sozialdemokratie in eine komplizierte Lage. Ihr Erfolg reicht einerseits zwar aus, an der Gestaltung der Politik mitzuwirken. Das hat zur Folge, daß sie auch die Verantwortung für Tendenzen in der Gesellschaftsentwicklung tragen muß, die von den Staatsbürgern als negativ empfunden werden, unabhängig davon, ob tatsächlich eine Möglichkeit der Einflußnahme bestand oder nicht. Andererseits reicht der Erfolg jedoch nicht aus, um in den meisten europäischen Ländern eine konsequente sozialdemokratische Politik zu betreiben.

Eine derart zwiespältige Situation kann zum Vertrauensschwund führen. Uns bleibt aber, soweit ich sehe, keine Wahl. Die Sozialdemokratie muß sich ihrer Verantwortung für die Handlungsfähigkeit der Demokratie bewußt bleiben. In einer Zeit, da die Menschen die Probleme als ernst und beunruhigend empfinden, hätte es eine geradezu vernichtende Wirkung, wenn die Handlungsfähigkeit der Demokratien durch parteipolitische Manöver und kleinliche taktische Spitzfindigkeiten gelähmt würde. Die Menschen wollen keinen parlamentarischen Stillstand. Sie fordern vielmehr Taten. Die Sozialdemokratie kann sich deshalb der Verantwortung für die Arbeitsfähigkeit des Parlaments nicht entziehen. Daraus folgt, daß sie in verschiedenen Fragen, auch über die traditionellen Frontlinien hinweg, zu Kompromissen bereit sein muß, um überhaupt zu einem Ergebnis zu kommen. Das gilt vor allem für die Wirtschaftspolitik, aber auch für andere Bereiche.

Es liegt nichts Negatives darin, Rücksicht zu nehmen, zu Zugeständnissen bereit zu sein. In seinem großen Standardwerk über die Demokratie schreibt der dänische Professor und Sozialist Alf Ross, der Kompromiß sei »das Wesen der Demokratie«. Er habe »nichts zu tun mit Halbheit im Denken und Schwäche im Willen«. »Für ein demokratisches Denken«, fährt er fort, »liegt nichts Kompromittierendes in Kompromissen, im Gegenteil. Das lautstarke Gerede, parlamentarische Politik sei ein schmutziges Geschäft, ein charakterloser Kuhhandel, ein Schachern und Feilschen und unvereinbar mit Ehrenhaftigkeit und männlicher Gradlinigkeit … hat durchaus nazistische Züge.«

Zugegeben, der Kompromiß bringt für die Sozialdemokratie

111

eine besondere Komplikation mit sich. Unsere Partei will die Gesellschaft von Grund auf verändern, wir wollen diese Veränderung im wesentlichen durch Beschlüsse der Gesetzgebenden Versammlung zustande bringen. Unsere Anhänger setzen große Erwartungen in die Politik. Kompromisse werden von den eigenen Mitgliedern leicht als Verrat an sozialdemokratischen Idealen empfunden, als Zurückweichen vor mächtigen Wirtschaftsinteressen. Für konservative Parteien kann es leichter sein. Sie sind es in vielen Ländern gewohnt, mit verschiedenen Fraktionen und Gruppierungen Kompromisse zu schließen. Uns dagegen kann ein Kompromiß als Defensivtaktik ausgelegt werden, als Nachgeben, um noch Schlimmeres zu verhüten, um trotz allem einigermaßen Ordnung zu wahren. Aber auch für die konservative Seite ist es erfahrungsgemäß schwer, wenn die Frage Zündstoff enthält, vor allem, wenn es um die Machtverhältnisse in der Wirtschaft geht.

Soll die Sozialdemokratie in der jetzigen, für die europäische Demokratie schwierigen Zeit ihre Aufgabe erfüllen, die Handlungsfähigkeit der Demokratie zu bewahren, ohne sich in Kompromisse zu verlieren, die Glaubwürdigkeit und Durchsetzungsvermögen untergraben, ist das nur unter der Voraussetzung möglich, daß wir die programmatische und organisatorische Stärke der Partei zu erhalten suchen. Wenn wir uns über unsere Ziele und unsere Prioritäten im klaren sind und die Identität der Partei bewahren, können wir leichter beurteilen, was in jedem einzelnen Fall erreicht werden kann und muß.

Ist das möglich? Im Grunde bin ich da recht optimistisch.

Die Stärke der Sozialdemokratie liegt in ihrer unverbrüchlich und zäh bewahrten demokratischen Tradition. Sozialdemokratische Parteien haben in ihrer Politik selbstverständlich Irrtümer begangen. Gewisse Parteien nahmen meiner Meinung nach, gelinde gesagt, eine zeitweilig zweifelhafte Haltung bei der Liquidierung der Kolonialherrschaft ein. Doch das Studium der europäischen Geschichte zeigt, daß die reformistische Arbeiterbewegung für Diktaturen von rechts wie von links immer der eigentliche Hauptfeind war, der um jeden Preis vernichtet werden mußte. In diesem Kampf gegen Diktaturen sind unsere Parteien auch nie ins Wanken geraten. Ihr beide seid Kronzeugen dafür. Der Kampf für die Demokratie während der finsteren Jahre in Mittel- und Osteuropa hat viel Heroismus erfordert. Wir sprechen nur nicht so oft darüber. Aber es handelt sich hier um eine Tradition, die eine außerordentliche Stärke bedeutet, sowohl im Innern bei der Gestaltung der Politik als auch nach außen durch das Vertrauen großer Gruppen von Staatsbürgern.

Die Sozialdemokratie bezieht ferner Stärke aus ihrer Verankerung im Volk. Das Grundmuster ist in den meisten Ländern ähnlich: verhältnismäßig große Mitgliederzahl mit beträchtlicher Aktivität in Arbeitskreisen, Diskussionsgruppen usw.; enge Zusammenarbeit mit der Gewerkschaftsbewegung und anderen Volksbewegungen; ein Potential an Stammwählern von beachtlicher Stabilität, vorwiegend in den großen Lohnempfängergruppen. In Schweden ist die Treue zur Sozialdemokratie eindeutig sehr viel größer als zu allen anderen Parteien. Die Sozialdemokratie vertritt in erster Linie die Interessen der Lohnempfängergruppen, die konservativen Parteien hauptsächlich die der Privatwirtschaft.

Die Verankerung im Volk erinnert uns ständig daran, daß die Ergebnisse der Politik am Alltag der Menschen gemessen werden müssen. Wir wollen vor allem die Interessen der großen Lohnempfängergruppen wahrnehmen, ihren Alltag verbessern. Dieser Bezug auf den Alltag stellt eine wirksame Sperre gegen Übertheoretisierung und Überideologisierung dar, die den politischen Sekten zum Verhängnis wurden.

Unsere Politik muß sich mit praktischen, naheliegenden Fragen befassen. Das bedeutet auch, daß die Sozialdemokratie im Alltag lebt, mitten unter den Menschen. Revolutionäre und Reaktionäre pflegen zu sagen, die reformistische Arbeiterbewegung lasse sich mühelos vernichten, wenn man nur die »verbrecherische Führungsschicht« beseitige. Dieser Gedanke beunruhigt mich nicht im geringsten. Denn selbst wenn das geschähe, würde die Sozialdemokratie draußen unter den Menschen weiterleben wie der Fisch im Wasser. Sie kann nicht ausgerottet werden, eben weil sie im Volk tief verwurzelt ist.

Die Sozialdemokratie bezieht bei der gegenwärtigen Entwicklung der Industriegesellschaft besondere Stärke aus ihrer programmatischen Grundeinstellung. Davon habe ich bereits gesprochen, ebenso von dem klaren Bezug auf die Interessen der

Lohnempfängergruppen. Die Freiheitsidee des demokratischen Sozialismus und sein gleichzeitiges Streben nach vertiefter Gemeinschaft und Solidarität sind dazu angetan, gerade heute bei den Menschen Resonanz zu finden.

Doch Ideen müssen in harter Alltagsarbeit verwirklicht werden. Und wenn wir unsere Möglichkeiten, unsere parlamentarische Stärke dazu nutzen, praktische Ergebnisse zu erzielen, verbessern wollen, müssen wir die Zusammenarbeit zwischen unseren Parteien intensivieren. Es läßt sich leicht feststellen, daß die Erfolge und Mißerfolge unserer Parteien in einer Wechselwirkung zueinander stehen. Wenn wir es selber nicht klar erkennen, brauchen wir nur zu verfolgen, wie eifrig die bürgerliche Presse Mißstände in sozialdemokratisch regierten Ländern aufzuspüren sucht. Als ich im letzten Wahlkampf durchs Land reiste, folgte mir ein Rudel konservativer Journalisten aus Kontinentaleuropa, die alle nach Schweden gekommen waren, um Untergang und Fall des Wohlfahrtsstaates an Ort und Stelle zu studieren. Selten wohl ist jemand enttäuschter zurückgekehrt.

Aber wir beschränken uns viel zu sehr darauf, einander bei festlichen Gelegenheiten zu besuchen, Grußbotschaften auszutauschen und uns gegenseitig Wertschätzung zu bekunden. Vor diesem Hintergrund ist die Feststellung um so erstaunlicher, wie sehr unsere politischen Bestrebungen übereinstimmen. Zwar gibt es national bedingte Unterschiede. Zwar sind wir in unserer Entwicklung ungleich weit gekommen. Dennoch ist die Behauptung nicht übertrieben, daß wir, jeder für sich in seinem Land, ein europäisches sozialdemokratische Programm, das auf den Lohnempfängerinteressen basiert, durchzuführen suchen. Ohne Anspruch auf Vollständigkeit möchte ich diese gemeinsamen Bestrebungen in folgenden Punkten zusammenfassen:

*1. Demokratischer Sozialismus.* Wir treten fest und unerschütterlich für die Bewahrung der Demokratie ein. Bei der Veränderung der Gesellschaft ist einzig und allein der reformistische Weg vereinbar mit demokratischen Grundwerten, wie Rede- und Glaubensfreiheit. Sozialismus kann nur verwirklicht werden, wenn sich viele Menschen dafür engagieren und daran mitwirken.

*2. Eine starke Gewerkschaftsbewegung und starke Bürgerinitiativen.* Viele wichtige Gesellschaftsaufgaben können von Bürgerinitiativen besser gelöst werden als durch staatliche oder private Maßnahmen. In den Bürgerinitiativen vereinen sich Engagement und ein breitgestreuter Einfluß auf die gesellschaftliche Arbeit.

*3. Beschäftigung.* Wir betrachten die Vollbeschäftigung als die wichtigste politische Frage. Wir fordern Arbeit für alle. Die Gesellschaft muß eine aktive Rolle spielen, wenn es gilt, neue Arbeitsplätze zu schaffen, Arbeitsplätze regional zu streuen und dem einzelnen auf dem Arbeitsmarkt beizustehen.

*4. Reform des Arbeitslebens.* Um die Industriegesellschaft zu entwickeln, ist es erforderlich, die sozialen Bedingungen des Arbeitslebens zu reformieren. Die einzelnen Arbeiternehmer müssen Einfluß auf Planung und Ausführung der Arbeit erhalten. Die Verhältnisse am Arbeitsplatz müssen unter Mitwirkung der Arbeitnehmer und ihrer Organisationen verbessert werden. Die Sicherung der Arbeitsplätze ist zu verstärken.

*5. Wir wollen, daß mehr Menschen an den Beschlüssen beteiligt sind.* Den Arbeitnehmern muß mehr Mitbestimmung im Arbeitsleben eingeräumt werden. Demokratisierung der Ausbildung, in den Wohnsiedlungen und in der engeren Umwelt sind anzustreben, wobei jeder Bürokratisierung entgegenzuarbeiten ist. Der staatliche Einfluß auf die Nutzung von Grund und Boden, von Wasser, Rohstoffen und Energie muß vermehrt werden. Durch die Gesellschaft und die gewerkschaftlichen Organisationen verstärkt sich der Einfluß auf die Kapitalbildung und auf den Ausbau der Wirtschaft.

*6. Dienstleistungen der Gesellschaft.* Viele Bedürfnisse sind so wichtig, daß sie unabhängig von den wirtschaftlichen Möglichkeiten des einzelnen befriedigt werden müssen. Das gilt für Krankenpflege und Ausbildung, für Altenpflege und Kinderbetreuung. Dadurch schafft man auch neue Arbeitsplätze und erreicht mehr Gemeinschaftssinn unter den Menschen.

*7. Lebensqualität, Wohlfahrt.* Wir widersetzen uns der Gefährdung der Arbeitsplätze und der Bedrohung des kulturellen Erbes, der Gemeinschaft und der Lebensqualität durch den Kommerzialismus. Wir setzen uns ein für soziale Sicherheit und Ausgleich, für den Ausbau der sozialen Wohlfahrt, für eine aktive Kultur-, Umwelt- und Verbraucherpolitik. Die Sozialdemokratie stellt den Menschen, sein Bedürfnis nach Selbstverwirklichung und Gemeinschaft in den Mittelpunkt. Deshalb wollen wir diesen Werten vor dem einseitigen Streben nach materiellem Wachstum den Vorrang geben.

*8. Gleichberechtigung der Frau.* Die Benachteiligungen, denen die Frauen in der heutigen Gesellschaft ausgesetzt sind, müssen beseitigt werden. Wir müssen aktiv daran mitwirken, daß die Frauen in Politik und Gesellschaft größere Entfaltungsmöglichkeiten erhalten. Wichtige Ziele sind: die Vorurteile auszumerzen; auf dem Arbeitsmarkt, in der Ausbildung, in der Sozialgesetzgebung Gleichberechtigung zu schaffen. Künftige Arbeitszeitverkürzungen sind so durchzuführen, daß Familie und Berufstätigkeit leicht miteinander vereinbart werden können.

*9. Multinationale Unternehmen.* Große internationalisierte Unternehmen erhöhen die private Machtkonzentration und schwächen den demokratischen Einfluß auf zentrale wirtschaftliche Entscheidungen. Eine stärkere Konzentration wird es noch mehr erschweren, Preisstabilität zu erreichen und eine ausgeglichene soziale Entwicklung zu gewährleisten. Soll der demokratische und soziale Einfluß auf die multinationalen Unternehmen erweitert werden, ist eine verstärkte Zusammenarbeit zwischen Regierungen, Parteien, Gewerkschaften und Bürgerinitiativen unbedingt erforderlich.

*10. Die Einwanderer.* Es ist mit der sozialdemokratischen Grundauffassung unvereinbar, wenn eingewanderte Arbeiter, sogenannte Gastarbeiter, von den Arbeitgebern ausgebeutet werden. Den Einwanderern müssen im Erwerbsleben und in der Gesellschaft die gleichen sozialen Bedingungen garantiert werden wie den Einheimischen. Besonderer Einsatz ist erforderlich, um die Sprach- und Wohnungsprobleme zu lösen und um den Einwandererkindern eine gleichwertige Ausbildung zu ermöglichen. Die Einwanderer müssen das kommunale Wahlrecht erhalten.

*11. Internationale Solidarität.* Wir schließen uns den Zielen der Vereinten Nationen an, den Bemühungen um Abrüstung und Entspannung in Europa. Unsere Internationale befürwortete bereits in den fünfziger Jahren, einen Beitrag für Entwicklungshilfe bereitzustellen. Wir wollen für nationale Unabhängigkeit, für das Verfügungsrecht der Nationen über die eigenen Rohstoffreserven und für einen gerechteren Welthandel eintreten, die Freiheitsbewegungen sowie den Kampf gegen Diktaturen unterstützen.

Diese Punkte sind weder vollständig noch präzise, skizzieren aber unsere gemeinsamen Bestrebungen. Haltung und konkrete Stellungnahmen der sozialdemokratischen Parteien sind in diesen Fragen unbestreitbar ähnlich. Zusammengenommen markieren sie im heutigen Europa ein sozialdemokratisches Profil. Wenn wir dieses Profil in einer offensiven programmatischen Diskussion verdeutlichen, wenn wir voneinander lernen und Erfahrungen austauschen, wenn wir bei der praktischen Durchführung zusammenarbeiten, könnten wir für unseren Kontinent bedeutsame Ergebnisse erzielen. Das würde für viele Hundert Millionen Menschen in ihrer täglichen Existenz entscheidend viel bedeuten.
Unterstreichen möchte ich, daß es sich um ein offensives Parteiprofil handelt. Wir haben keinen Anlaß, vor Angriffen reaktionärer Kräfte und vor allerlei Irrlehren zurückzuweichen, die keine Wege in die Zukunft weisen. Wenn wir unser tägliches Streben mit unseren Ideen zu einer langfristigen Perspektive vereinen, haben wir die besten Aussichten, Gehör für unsere Politik zu finden.
Weiter möchte ich betonen, daß es vor allem um eine Zusammenarbeit mit Bewegungen geht, die im Volk verankert sind. Die Sozialdemokratie hat gelernt, Verantwortung zu tragen – im Reichstag, in Regierungen, in verschiedenen staatlichen und kommunalen Behörden. Aber wir dürfen nie vergessen, daß die Partei und die mit der Partei zusammenarbeitenden Gewerkschaften und Bürgerinitiativen die Basis bilden. Das Engagement der einzelnen Menschen in unseren Organisationen verleiht unserem Handeln in Reichstag und Parlament die Durchschlagskraft. Dort müssen wir unsere Stärke und unsere Identität suchen.
Dieser Brief handelt fast ausschließlich von der Situation der europäischen Sozialdemokratie. Spiegelt sich darin die Absicht, sich zu isolieren und sich nur den Problemen im eigenen Erdteil zu widmen? Nein, keineswegs. Soll jedoch die europäische So-

zialdemokratie die Rolle spielen, die sie für die Entwicklung der Welt im großen spielen kann, muß sie sich ihrer eigenen Stärke und ihrer Solidarität bewußt sein, sie mehren und sie verteidigen.

Gespräche mit Vertretern der Dritten Welt haben mir in den letzten Jahren immer wieder bestätigt, daß sie in der heutigen polarisierten Welt einen eigenen Weg suchen. Sie haben Angst vor der zunehmenden Macht der Großmächte, das gilt nicht zuletzt für jene Länder, die einem der Machtblöcke zugerechnet werden. Die meisten von ihnen lehnen sowohl den sowjetischen Kommunismus als auch den amerikanischen Kapitalismus als Vorbild für die Entwicklung ihres Landes ab. Sie wollen einen eigenen Weg finden. Die Stärke der europäischen Sozialdemokratie liegt darin, daß wir für diese Länder kaum eine machtpolitische Bedrohung darstellen. Wir haben keinen Anlaß, ihnen vorzuschreiben, welches Gesellschaftssystem sie errichten sollen. Die Verhältnisse sind dazu auch viel zu unterschiedlich. Mir ist es immer schwergefallen, jene zu verstehen, die einstigen Kolonialländern eine europäische Tradition aufzwingen wollten, die sich unter gänzlich anderen Voraussetzungen herausgebildet hat. Aber wir haben allen Anlaß, offen und ohne Anmaßung Kontakt und freie Diskussion mit diesen Ländern zu suchen. Unsere Internationale darf keine einseitig auf Europa konzentrierte Organisation werden, wie sie es damals zu werden drohte, als der Atlantikpakt und die EG-Frage die Diskussion völlig beherrschten. Wir müssen vernünftige und unbürokratische Formen finden, um die Internationale zu einem Forum für die Zusammenarbeit und die Diskussion mit Vertretern anderer Erdteile zu machen. Wesentlich ist dabei nicht die vollständige Übereinstimmung der reinen Lehre; wesentlich ist vielmehr ein echtes Gefühl für internationale Solidarität.

Selbstverständlich gibt es Wege zu einem solchen Miteinander. Amilcar Cabral sagte, als er kurz vor seiner Ermordung unseren Parteikongreß besuchte:

»Solidarität ohne Gleichberechtigung ist nur Wohltätigkeit, und Wohltätigkeit hat noch nie zum Fortschritt der Völker und Menschen beigetragen. Und Sicherheit ohne Gleichberechtigung ist nur autoritäres Patriarchat, Schirmherrschaft oder direkter

Kolonialismus und steht immer im Gegensatz zu jeder wirklichen Befreiung der Völker und Menschen. Es ist das Verdienst Ihrer Partei, diese Wahrheiten verstanden zu haben, begriffen zu haben, daß die Solidarität das notwendige dynamische Element ist, wenn man Gleichberechtigung und individuelle und kollektive Sicherheit verwirklichen will.«

Man kann davon absehen, daß Cabral in diesem Zusammenhang unsere Partei hervorhob. Seine Worte gelten für die Sozialdemokratie insgesamt und für ihre grundlegenden politischen Ziele.

Herzliche Grüße O. P.

# Willy Brandt *Brief vom 19. Oktober 1974*

Liebe Freunde,

seit meinem Rücktritt vom Amt des Bundeskanzlers sind nun schon mehrere Monate vergangen. Ich habe begonnen – auch durch eine Anzahl regionaler Konferenzen –, mich ganz auf die Parteiarbeit einzustellen. Es gibt eine gute Chance, daß wir die Bereitschaft zur Einordnung steigern und durch größere Geschlossenheit Terrain gewinnen können, das uns zeitweilig verlorengegangen war.

Vor zwei Jahren konnten wir deutschen Sozialdemokraten den größten Wahlsieg in der Geschichte unserer Partei verbuchen. Seitdem haben wir, was die Zustimmung der Wähler angeht, ernste Rückschläge hinnehmen müssen. Wenn man den Ursachen nachgeht, wird man an eigenen Fehlern und Schwächen nicht vorbeigehen können. Die innerparteiliche Diskussion ist über gewisse Strecken aus dem Ruder gelaufen. Der erfreuliche Zuwachs an neuen Mitgliedern mußte mit dem Preis bezahlt werden, daß unsere Partei zeitweilig an innerer Geschlossenheit einbüßte. Die Möglichkeiten der Reformpolitik, das Ausmaß dessen, was eine Koalitionsregierung unter sozialdemokratischer Führung bei Berücksichtigung massiver Widerstände einseitig interessenbezogener Gruppen im Laufe einer Legislaturperiode vom Tisch kriegen kann, wurden überschätzt. Überzogene Forderungen und wortradikale Überspitzungen haben zu den Vertrauenseinbrüchen beigetragen. Die entscheidende Rolle spielten jedoch die weltwirtschaftlichen Schwierigkeiten, die seit Ende vorigen Jahres von außen auf uns einwirkten und die uns einseitig angelastet wurden.

Hieraus ergibt sich, daß unser Einfluß in den nächsten Jahren in ganz hohem Maße davon abhängen wird, was uns die weltwirtschaftliche Entwicklung an Problemen aufgibt und wie wir ihnen – ohne ein reformpolitisches Vakuum entstehen zu lassen – mit internationalen, europäischen und nationalen Maßnahmen beizukommen vermögen. Helmut Schmidt konzentriert sich vor allem auf dieses Gebiet, und er kann sich auf die Unterstützung der Partei verlassen. Ich bin auch sonst nicht pessimistisch. Wir sind dabei, organisatorische Mängel zu beheben. Wir werden es auch an geistigen Anstrengungen nicht fehlen lassen. Die Skizzierung unserer mittelfristigen Aufgaben, wie wir sie in der Neufassung des ›Orientierungsrahmens '85‹ – für den Parteitag im Herbst nächsten Jahres – versuchen, wird in der innerparteilichen Diskussion eine herausgehobene Rolle spielen.

Ich möchte, daß Ihr richtig versteht, wie wir diese Diskussion einordnen. Es handelt sich nicht darum, unser Grundsatzprogramm durch ein neues zu ersetzen. Der Orientierungsrahmen stützt sich ausdrücklich auf das Godesberger Programm, das vor ziemlich genau fünfzehn Jahren verabschiedet wurde. Aus diesem Anlaß werde ich dieser Tage übrigens auch öffentlich darlegen, was ›Godesberg‹ für uns weiterhin bedeutet. Es hat – bei aller Schnellebigkeit und ohne Verkennung der neu hinzugekommenen gewichtigen Probleme – die Voraussetzungen dafür geschaffen, daß sich die deutsche Sozialdemokratie auch unter weithin veränderten Bedingungen als einheitlich wirkende Reformpartei behaupten konnte. Der politische Erfolg unserer Partei in den letzten anderthalb Jahrzehnten ist von ›Godesberg‹ im Sinne seiner grundwertebezogenen, dogmenfreien Zielsetzungen nicht zu trennen. Eine bloß taktierende ›Allerweltspartei‹ sind wir nicht geworden, auch wenn es uns politische Gegner spöttelnd haben andichten wollen. Das Programm von 1959 trennt uns ganz und gar nicht von den großen Zielen der deutschen und internationalen Arbeiterbewegung, die wir im Gegenteil aufgegriffen haben und weiterführen. Es ging darum, den überkommenen und übernommenen Auftrag zeitgemäß zu formulieren. Ihr habt es ja, wenn auch die Worte nicht immer dieselben waren, bei Euren programmatischen Aussagen mit dem gleichen Problem zu tun gehabt.

Ich stimme Olof Palme ausdrücklich zu. Gerade bei der gegenwärtigen Entwicklung der Industriegesellschaft bezieht die Sozialdemokratie ihre besondere Stärke aus ihrer programmatischen Grundeinstellung. Als die historische Partei der arbeitenden Bevölkerung bleibt die Sozialdemokratie aber auch eine

Partei, der es nicht um die enge Vertretung von Interessen einer Gruppe geht, sondern um die menschliche Gestaltung der Gesellschaft überhaupt. Es bedeutet kein Abweichen vom Pfad der sozialistischen Tugend, wenn wir offen sind für Selbständige im Handel, in der gewerblichen Wirtschaft, in der Landwirtschaft, für die geistig Schaffenden und für Angehörige der sogenannten freien Berufe, zumal auch für die immer wichtiger werdende technische Intelligenz. Im Interesse der großen Mehrheit des Volkes wollen wir die Gesellschaft schrittweise im Geiste unserer Grundwerte zum Besseren verändern, und dabei bleibt uns der Widerstand von Bevorrechtigten und ihren Hilfstruppen nicht erspart.

Angesichts der verwirrenden Umwälzungen, die das weltweite Geschehen und die wissenschaftlich-technischen Neuerungen mit sich bringen, gibt es bei einem Teil unserer Freunde, nicht nur der jüngeren, wieder eine gewisse Sehnsucht nach der ›einheitlichen Sicht‹ und manchmal auch nach möglichst ›einfachen‹ Antworten. Ich gebe meiner eigenen Partei den dringenden Rat, die klare Absage an jeden Dogmatismus nicht rückgängig zu machen, dafür aber die Verständigung auf Grundwerte und auf Grundforderungen um so wichtiger zu nehmen. Mit anderen Worten: neue Tatsachen nicht zu übersehen, dabei aber die grundsätzliche Orientierung nie aus dem Auge zu verlieren. Ich hatte Euch berichtet, daß es meiner Meinung nach notwendig sei, die Grundwerte zu durchdenken und zu vertiefen. Diese Arbeit ist durch eine von unserem Parteivorstand eingesetzte Kommission erst langsam in Gang gekommen, aber ich halte es für möglich, daß unserem übernächsten Parteitag ein gewichtiger Beitrag zu dieser Thematik unterbreitet werden kann.

Nun machen wir in der Bundesrepublik die interessante Erfahrung, daß unser innenpolitischer Gegner, die CDU, die Grundwerte – Freiheit, Gerechtigkeit, Solidarität – auch entdeckt hat und für sich in Anspruch nimmt. Dies ist nur ein Teil des Versuchs, unser Vokabular zu besetzen und es in schön klingende Leerformeln abzuwandeln. Er ist ärgerlich, kann aber auch, wenn wir uns richtig darauf einstellen, zu einer Belebung der Auseinandersetzungen um grundsätzliche Fragen führen. So wird sich der Streit darüber, was unter demokratischer Freiheit und Verantwortung zu verstehen ist, neu entfalten. Von rechter Seite wird erneut und verstärkt vorgebracht, der egalitäre Anspruch der Demokratie und das Postulat der individuellen Freiheit stünden in einem unversöhnlichen Gegensatz zueinander. Mehr Demokratie in mehr Bereichen müsse deshalb notwendigerweise zu einer Beschränkung der Freiheit des einzelnen führen. Aus einem fruchtbaren Spannungsverhältnis von Demokratie und Freiheit wird also ein widersprüchliches Verhältnis konstruiert.

Ich halte diese Konstruktion für eine gefährliche, letztlich sogar systemsprengende Verkürzung des Freiheitsbegriffs. Es ist das Freiheitsverständnis der Rückwärtsgewandten. Sie sehen das sozialstaatlich verstandene Prinzip der mitbürgerlichen Gleichheit als Einschränkung individueller Freiheit und wollen nicht wahrhaben, daß Freiheit ohne Gleichheit der Lebenschancen allzu leicht zum Privilegienschutz verkümmert. Aus sozialdemokratischer Sicht geht konkrete Freiheit über die staatsbürgerliche Gleichstellung hinaus. Der freie Bürger muß zunehmend die Chance erhalten, nicht überwiegend Objekt von Weisungen, sondern mehr und mehr Subjekt von Entscheidungen zu sein. Dieses Freiheitsverständnis steht nicht im Gegensatz zur Demokratie, sondern ist Voraussetzung für wahres demokratisches Bewußtsein. Denn demokratisches Bewußtsein der Bürger gedeiht nur in einer Gesellschaft, in der freie Selbstverantwortung und gesellschaftliche Verpflichtung in allen relevanten Bereichen gelten. So ist unsere Forderung nach Mitbestimmung in der Wirtschaft und anderen Bereichen der Gesellschaft für uns auch kein Vorwand, hinter dem sich ein raffiniertes Machtkalkül verbirgt, sondern Einsicht in die Bedingungen einer freiheitlichen Existenz aller. So, wie die Freiheit eine Voraussetzung für die Demokratie ist, so schafft mehr Demokratie erst den Raum, in dem Freiheit praktiziert werden kann.

Demokratie ist mit anderen Worten mehr als eine Sammlung von Spielregeln für den Bereich des staatlich-politischen Lebens. Für uns ist Demokratie Weg und Ziel in einem: Sie kann nicht auf den engen staatlichen Raum beschränkt bleiben. Sie ist zu verstehen, wie es das Godesberger Programm sagt, als »die allgemeine Staats- und Lebensordnung, weil sie allein Ausdruck der Achtung vor der Würde des Menschen und seiner

Eigenverantwortung ist«. Hier ist die entscheidende Kluft gegenüber konservativ-rückwärtsgewandten und altliberalen Auffassungen. Die ist auch mit faulen Kompromissen nicht zu überbrücken. Demokratische Verhältnisse im Staat und demokratische Strukturen der Gesellschaft sind für uns zwei Seiten ein und derselben Medaille.

Vielleicht müssen wir noch deutlicher machen und noch überzeugender darstellen, als es uns zuweilen gelungen ist, daß die Sicherung der Freiheit des Individuums gesellschaftlicher Voraussetzungen bedarf. Man kann sich nicht auf das freie Spiel der Kräfte verlassen, wenn es um das Recht, die Sicherheit und die Freiheit des Bürgers geht, vor allem der Schwachen und Benachteiligten. Wenn Freiheitsrechte nicht nur auf dem Papier stehenbleiben sollen, müssen die Bürger von ihnen Gebrauch machen können. Hier kommt nun immer wieder – bei uns in Deutschland verstärkt – die gegnerische Unterstellung, wir meinten mit Demokratisierung, daß überall und immer formale Mehrheitsentscheidungen gelten sollten. Deshalb ist es wichtig klarzustellen, daß wir nicht daran denken, Sachverstand, Funktion und differenzierte Verantwortung außer Kraft zu setzen. Selbstverständlich ist es nur die vernünftig verstandene und sachgerechte Demokratie, die unter den Bedingungen der modernen Industrie- und Dienstleistungsgesellschaft die Freiheit des einzelnen gegen die erdrückende Macht wirtschaftlicher Interessen, anonymer Organisationen und bürokratischer Bevormundungen schützen und stärken kann.

Die Gegner von mehr Demokratie wissen, daß der Entscheidungsraum der wenigen eingeengt würde. Deshalb die oft unsachlichen, aufgeregten und bewußt unrichtigen Angriffe gegen sozialdemokratische Theorie und von Sozialdemokraten gestaltete Politik. Auch wo hart gegengehalten werden muß, darf sozialdemokratische Politik niemals auf die Kriterien Sachlichkeit, Klarheit und Wahrhaftigkeit verzichten. So komplex und schwer durchschaubar die Zusammenhänge unserer politischen und gesellschaftlichen Existenz heute auch geworden sind, es wäre schrecklich, wenn aus den politischen Auseinandersetzungen dieser Zeit eine Sache der bloß propagandistischen Technik werden würde. Es ist auch das ein wesentliches, vielleicht sogar das wesentliche Element von Demokratisierung: politische Entscheidungsprozesse durchschaubarer, Zusammenhänge verstehbarer zu machen. Das ist eine wesentliche Begründung für Mitbestimmung und Mitwirkung. Das ist aber auch eine Vorbedingung für Immunisierung der Bürger gegen bloße Propaganda, semantische Tricks und das Schüren *diffuser Ängste*. Gerade wir Sozialdemokraten waren oft genug – und sind es noch – Opfer falscher Verdächtigungen. Durch Appelle an Furcht und tiefer liegende Ängste sollen die Menschen verunsichert werden. So mußten wir immer wieder erleben, daß man uns durch Ineinssetzung mit den kommunistisch regierten Staaten einen falschen ›Sozialismus‹-Stempel aufzudrücken versuchte. Leider haben nicht selten unausgegorene und in einer unverständlichen Sprache vorgetragenen Äußerungen aus den eigenen Reihen dazu beigetragen, uns mit Erscheinungen und Perspektiven zu identifizieren, die mit demokratischem Sozialismus nichts zu tun haben.

So werden auch unsere Vorstellungen von mehr Gerechtigkeit und einer größeren Solidarität in ein Streben nach Gleichmacherei, Vermassung und Zerstörung des ›Leistungsprinzips‹ umgefälscht. Tatsache ist: Unsere Zielsetzung beschränkt sich nicht allein auf die Gleichheit der *Start*chancen, damit alles andere um so ungehemmter unter das Beutewort ›Jeder ist seines Glückes Schmied‹ gestellt werden kann. Der Grundwert der Gerechtigkeit zielt nicht auf Gleichmacherei, aber auf Gleichheit, wo immer sie verwirklicht werden kann, nämlich auf das erreichbare Maß an Gleichheit der *Lebens*chancen. Und der Grundwert der Solidarität zielt nicht auf Abbau von Individualität, sondern auf die Bereitschaft, für den anderen einzustehen und eigene Vorteile hintanzustellen.

Solidarität, wie Sozialdemokraten den Begriff verstehen, ist das Bindeglied zwischen Freiheit und Gerechtigkeit, denn nur durch solidarisches Verhalten kann das Streben nach möglichst viel Gerechtigkeit in unserer Gesellschaft in Einklang gebracht werden mit dem Bedürfnis nach möglichst viel individueller Freiheit. Solidarität ist also die bewußte Bereitschaft, durch Selbstbeschränkung die Freiheit aller zu mehren; sie kann nicht verordnet, wohl aber muß sie geweckt und motiviert werden. Das ist eine unserer wichtigsten Aufgaben. Gleichzeitig gilt es zu verhindern, daß den Menschen mit ›solidarischen‹ Redensarten eine konfliktfreie Welt vorgegaukelt wird. Demgegenüber fordern die ›Randgruppen‹ der modernen Gesellschaft – und noch mehr die schwer benachteiligten Völker dieser Erde – zur Solidarität in neuen Dimensionen heraus.

›Godesberg‹, wenn ich daran noch einmal erinnern darf, hat unser positives Verhältnis zum Staat beschrieben, und der ›Orientierungsrahmen‹ wird dies präzisieren. Dabei sollten wir davon ausgehen, daß unsere Staatswesen künftig mancherlei Belastungsproben im Konflikt zwischen den Bedürfnissen der Allgemeinheit und den mehr oder weniger rücksichtslosen Ansprüchen von Schlüsselgruppen und mächtigen Organisationen ausgesetzt sein werden. Wir haben unseren demokratischen Staat davor zu bewahren, daß er ohnmächtig wird unter dem Diktat von derartigen Gruppen. Dazu gehört Bereitschaft zum Konflikt, und es gehört dazu die permanente Anteilnahme einer aufgeklärten Öffentlichkeit.

Wir müssen Politik mit den Menschen machen, damit nicht Politik gegen sie gemacht werden kann. Von hier aus erhalten Informationspolitik, Medienpolitik, Darstellung des Wirkens und der Zielsetzung unserer Parteien eine Bedeutung, die über das hinausgeht, was mit diesen Begriffen bisher zumeist gemeint war. Ohne geduldige Aufklärungs- und Überzeugungsarbeit ist alle theoretische Einsicht vergebens. Wir wissen seit den Anfängen der Arbeiterbewegung, daß theoretische Einsichten nutzlos sind, wenn sie nicht durch die praktischen Erfahrungen der Menschen bestätigt werden und wieder in neue erfahrbare Politik einmünden. Die Zeit der schrecklichen Vereinfacher ist noch nicht vorbei. Die soziale und politische Realität ist für viele Bürger noch so undurchschaubar, daß hier gefährliche Voraussetzungen für eine propagandistische Mobilisierung von Unbehagen an Staat und Gesellschaft liegen.

Laßt mich hier noch eine Bemerkung anschließen, die sich auf die gegenwärtige weltwirtschaftliche Lage bezieht. Diese Lage (die sich ja durchaus noch verschlimmern kann) könnte den Irrtum aufkommen lassen, als habe wertorientierte Politik jedenfalls vorübergehend hinter sachzwanggebundener Politik zurückzutreten. Ich sage ›Irrtum‹, weil Wirtschaftspolitik natürlich immer auch Gesellschaftspolitik ist. Bei allen, hoffentlich zu einem guten Teil nur vorübergehenden Schwierigkeiten darf

niemals das Mißverständnis um sich greifen, als fänden sich Sozialdemokraten damit ab, daß Menschen, die arbeiten wollen, nicht arbeiten dürfen. Über das wirtschaftspolitische Instrumentarium wird es schon deshalb neue Diskussionen geben, weil wir mit einem einfachen Wiederanknüpfen an die Periode fast automatischer Zuwachsraten nicht rechnen können und weil den internationalen Entwicklungen mit Lobgesängen auf die freie Marktwirtschaft nicht beizukommen ist. Vor allem aber hielte ich es für bedenklich, wenn wir uns jetzt von *isoliert* ökonomischen Aspekten leiten ließen. Gerade in einer Zeit wie dieser muß den Menschen deutlich gemacht werden, was über den Tag hinausführt. Es gibt immer wieder Bereiche, in denen mehr Freiheit und Gerechtigkeit verwirklicht werden können, ohne daß die öffentlichen Finanzen wesentlich berührt werden. Und man wird mündigen Bürgern auch ohne Gefahr die Frage stellen können, ob und wo sie durch momentanen Verzicht daran mithelfen wollen, daß morgen alle sicherer leben können.
Gemeinsame programmatische Positionen hat Olof Palme in seinen elf Punkten treffend beschrieben, wenn sich auch zu diesem oder jenem etwas anmerken ließe. Deutlich wird – und darauf kommt es mir im Zusammenhang meiner Überlegungen an –: Die reformerischen Anstrengungen dürfen nicht aufhören. Stabilität ist nicht garantiert, wenn man Veränderungen aus dem Wege geht. Wer zum Kampf gegen Reformen bläst, bewahrt nicht, sondern verspielt unsere Zukunft. Das ist das, was viele derer, die wieder mit einer ›konservativen‹ Tendenz kokettieren, noch nicht verstanden haben: Gerade wer das Bewahrenswerte bewahren will, muß verändern, was der Erneuerung bedarf. Er muß also zur Erneuerung bereit sein. Genau das entspricht der Haltung von Sozialdemokraten, gerade auch in dieser Zeit.

Mit herzlichen Grüßen W. B.

# Bruno Kreisky *Brief vom 15. April 1975*

Lieber Willy, lieber Olof!

Ich habe mir allzuviel Zeit gelassen mit meinem dritten Brief. Das ist bedauerlich, hat aber wiederum den Vorteil, daß ich bei einigen Fragen anknüpfen kann, die ich angedeutet habe und die inzwischen reale Bedeutung erlangt haben, so z. B. bei dem, was ich damals über jene Methoden zur Bewältigung der Preisproblematik sagte, »die unweigerlich zur Arbeitslosigkeit, zur Stagflation führen müssen«.

Es mag sein, daß es sich bei der gegenwärtigen wirtschaftlichen Entwicklung in den demokratischen Industriestaaten um eine mehr oder weniger lange dauernde, mehr oder weniger tiefgreifende Rezession handelt. Man kann aber, ebenso wie manche Nationalökonomen, Wirtschaftsjournalisten und Bankiers es auch tun, von einer Krise reden, die ähnlich schwer sein wird wie die Ende der zwanziger und Anfang der dreißiger Jahre. Die Nobelpreisträger Hajek und Myrdal sowie der Bankier Sigmund Warburg behaupten es jedenfalls.

Nun gilt für Prognosen in wirtschaftlichen Dingen das gleiche wie für Prognosen insgesamt. Es steckt ein gut Teil *selffulfilling prophecy* in ihnen. In diesem Zusammenhang möchte ich daran erinnern, daß im Dezember 1929, also einige Monate nach dem berüchtigten Börsenkrach, bei einer Veranstaltung der *American Economic Association* zahlreiche bekannte Nationalökonomen die Konjunktursituation diskutierten und zu der Meinung gelangten, daß alles im Februar 1930, spätestens aber im August 1930 vorüber sein werde.

Ich möchte nicht die Frage stellen, ob wir es heute mit einer ähnlichen Entwicklung wie 1929 zu tun haben. Einzig sinnvoll scheint mir die Frage zu sein: Was tun wir Sozialdemokraten für den Fall, daß die weitere Entwicklung den Pessimisten recht gibt? Gelingt es nämlich der europäischen Sozialdemokratie nicht, darauf eine Antwort zu geben, brauchen wir uns über vieles andere den Kopf nicht zu zerbrechen. Mit der tröstlichen Erkenntnis, daß wir heutzutage über ein Instrumentarium verfügen, das uns erlaubt, Krisen wirksamer zu bekämpfen als seinerzeit, wird es nicht getan sein. Auf die Frage der Krise in der modernen Industriegesellschaft haben wir eine sozialdemokratische Antwort zu geben. Wir sind uns sicher einig, worauf auch Willy Brandt noch einmal hingewiesen hat, daß wertorientierte Politik nicht hinter sogenannter sachzwanggebundener Politik zurücktreten darf.

Es soll hier nicht der unzulängliche Versuch unternommen werden, Kriterien einer sozialdemokratischen Wirtschaftspolitik zur Verhinderung der Krise anzuführen. Richtiger scheint mir zu sein, die ganze ökonomische Intelligenz, über die sozialdemokratische Parteien und die ihr nahestehenden Gewerkschaftsbewegungen verfügen, einzusetzen, wobei ich der Meinung bin, daß man sich auch jener Ökonomen bedienen sollte, die sich selber nicht als Sozialdemokraten verstehen oder deklarieren, sich aber partiell zu unseren wirtschaftlichen Ideen bekennen. Diese so versammelte ökonomische Intelligenz müßte bereit sein, da es sich um dringende Probleme handelt, Richtlinien für ein praktisches ökonomisches Programm für die europäischen sozialdemokratischen Parteien auszuarbeiten. Ich weiß um die Schwierigkeiten, Wissenschaftler auf eine Linie zu bringen, gehört es doch zum Wesen ihres Wirkens, sich derartigen Bestrebungen zu widersetzen. Aber dieser Wille zur Erarbeitung eines Programms muß – so glauben wir – Wirtschaftspolitiker der Sozialdemokratie von anderen unterscheiden.

Eine zweite Frage, von der ich glaube, daß sie besondere und brennende Aktualität besitzt: Welche Antwort geben wir auf die Fragen der Energiepolitik? Das scheint mir ein internationales Problem im allgemeinen, ein europäisches im besonderen zu sein; denn hier liegt der fundamentale Unterschied: Die USA sind zu 28 Prozent von ausländischem Öl abhängig, Westeuropa zu 98 Prozent. Das schafft auf jeden Fall und auf lange Sicht unweigerlich andere Voraussetzungen. Gewiß, es fehlen den europäischen Industriestaaten die meisten Rohstoffe, aber nirgends ist die Situation gleich katastrophal wie beim Öl.

Gibt es nun eine sozialdemokratische Rohstoffpolitik, die mit unseren Grundsatzen vereinbar und gleichzeitig realistisch ist?

Jedenfalls genügt es nicht, über die teuren Ölpreise zu klagen, wenn man bisher die teuren Industriegüter vor allem den Ländern der Dritten Welt verkauft hat.

Wie sieht ein einigermaßen gerechtfertigter Ölpreis aus? Welche *terms of trade* sind anzustreben? Ich behaupte, wenn es möglich wäre, beim Erdöl zu einem funktionierenden Mechanismus zu kommen, wird es leichter sein, bei allen anderen Rohstoffen ähnliche Lösungen zu finden. Im Hinblick auf die besondere Situation der Rohware Erdöl ergibt sich eine Reihe von neuen Voraussetzungen für die Beurteilung wichtiger politischer Fragen, so z. B. für die Überwindung des wirtschaftlichen und industriellen Rückstands der erdölproduzierenden Länder. Niemals hätte die Entwicklungshilfe europäischer Staaten für die arabischen jenes Ausmaß erlangen können, das ihnen die Preisveränderungen beim Erdöl bringen. Ich weiß aus eigener Erfahrung um das Bedürfnis nach sozialdemokratischen Alternativen in der arabischen Welt, denn bisher werden arabische Sozialisten nur konfrontiert mit kommunistischen oder konservativ-kapitalistischen Alternativen. Daß es ein Drittes gibt, wäre für sie geradezu die Befreiung aus einem Dilemma. Aufgrund einer immerhin langjährigen Beschäftigung mit diesem Problem wage ich die Behauptung, daß im gleichen Maße, in dem es uns gelingt, eine Zusammenarbeit zwischen der europäischen Sozialdemokratie und den fortschrittlichen Bewegungen in den arabischen Staaten herbeizuführen, sich auch die realen Chancen für ein friedliches Nebeneinander der arabischen Staaten und Israels vergrößern. Den fortschrittlichen Kräften in den arabischen Staaten läßt sich durchaus begreiflich machen, daß ein haltbarer Friede im Mittleren Osten auch eine sehr intensive Zusammenarbeit mit dem sozialdemokratischen Europa ermöglichen würde. Ganz neue Aspekte eröffnen sich für die Länder der sogenannten Vierten Welt. Hier könnte ein Konzept für die Zusammenarbeit zwischen den europäischen Industriestaaten und den erdölproduzierenden Ländern im Mittleren Osten ungeahnte Resultate erbringen. Von den nachgewiesenen Weltreserven an Erdöl lagen 1972 in den arabischen Ländern 56 Prozent, in den USA 11,9 Prozent und im Iran weitere 9,5 Prozent, in Westeuropa dagegen nur 2,2 Prozent. (Die Sowjetunion verfügt über 31,6 Prozent der Erdgasreserven der Welt.)

»Nur wenn die Deviseneinkommen der Förderländer für Investitionsgüter im Rahmen einer gesamtwirtschaftlichen Strategie der Überwindung von Unterentwicklung eingesetzt werden, kann Westeuropa seine Erdölimporte aus dem Nahen und Mittleren Osten bezahlen. Jede Erdölpolitik westeuropäischer Regierungen muß eingebettet sein in eine Strategie zur Überwindung von Unterentwicklung in den Förderländern«, schreibt Hartmut Elsenhans in ›Erdöl für Europa‹.
In diesem Zusammenhang muß sich doch für Sozialdemokraten auch die Frage stellen, inwieweit es zu innerkontinentalen Vereinbarungen mit anderen europäischen Öl- und Energierohstoffproduzenten kommt, mit denen in Ost- und neuerdings mit denen in Nordeuropa.
Angeblich wäre zwischen 1980 und 1990 eine jährliche Erdölförderung aus der Nordsee in Höhe von etwa 170 Millionen Tonnen möglich, wozu noch 30 Millionen Tonnen aus anderen Lagerzentren Westeuropas kämen, was allmählich einen Versorgungsgrad von 15 bis 20 Prozent sichern würde.
Und ganz nebenbei: Man ist derart hypnotisiert durch die Erdölprobleme, die sich aus dem Mittleren Osten ergeben, daß man die anderen einfach übersieht, die sich für die Europäische Gemeinschaft dadurch stellen werden, daß große Erdölexploitationsgebiete in Europa liegen. Auch aus diesem Grund – sogar auf relativ kurze Sicht gesehen – gibt es keinen Anlaß, Europa als ›Gefangenen der Ölscheichs‹ zu betrachten.
Und zum dritten:
Dem, was Olof Palme über Supermächte schreibt, folge ich in weiten Teilen. Aber es bleibt doch unbestritten, daß sich aus der Gleichgewichtssituation der Supermächte und der mit ihnen Verbündeten ein hohes Maß an relativer Entspannung ergeben hat. Hierbei hat die deutsche Sozialdemokratie, die Politik Willy Brandts für die Entspannung die Wirkung eines Katalysators gehabt.
Ich sprach zuvor einschränkend von relativer Entspannung. Die Lage in Südosteuropa, im Mittelmeerraum ist prekär, und niemand vermag heute zu sagen, ob sich Griechenland und Portugal zu Demokratien entwickeln werden. Die Situation der herrschenden Diktatur in Spanien ist labil, die Gegensätze zwischen der Türkei und Griechenland sind ernst. Wird die Entspan

nungspolitik also auch den europäischen Mittelmeerbereich erfassen?

Ein weiteres Gebot der Stunde, und zwar eines, das sich uns Sozialdemokraten mit aller Dringlichkeit stellt, ist, ob wir in der Lage sind, unsere Politik für Sicherheit und Zusammenarbeit in Europa so zu artikulieren, daß sie eine brauchbare Alternative zur Politik der Kommunisten und Konservativen darstellt.

Nach der erfolgreichen europäischen Außenpolitik des *containments* kam es zu einer Stabilisierung in den Demokratien, die es den sozialdemokratischen Parteien erlaubte, sich auch programmatisch stärker zu profilieren. Unsere drei Parteien und zahlreiche andere gaben sich neue Programme: Wien im Mai 1958, Godesberg im November 1959, Stockholm im Juni 1960.

Eine Reihe neuer Formulierungen, geprägt von den sozialdemokratischen Parteien Europas, erlaubte es, zu einer neuen Öffnung jenen Schichten gegenüber zu kommen, die ich als politisch heimatlose Liberale bezeichnen möchte. Ein Kernstück unserer Programme, jedenfalls im Godesberger und im Wiener Programm, z. B. war das Auf-Distanz-Gehen zu allen Fragen der Weltanschauung. Das erlaubte ein neues Verhältnis vor allem zur Religion, was von besonderer Bedeutung im Hinblick auf den doch immer stark zum Konservativismus neigenden Katholizismus zu sein schien. Aber im Katholizismus selber kam es zu bemerkenswerten Entwicklungen, die für alle Zeiten mit dem Namen von Papst Johannes XXIII. und seinem Konzil verbunden bleiben.

Diese Distanzierung von allem Weltanschaulichen und dieses sich Reduzieren auf eine politische Gesinnungsgemeinschaft scheinen mir jedoch in der Zwischenzeit obsolet geworden zu sein. Müssen wir auch heute erst recht an dieser Öffnung gegenüber dem Weltanschaulichen, an einem reibungslosen Verhältnis zu den Religionen festhalten, so ist doch vieles komplizierter geworden. In der Wissenschaft gab es eine atemberaubende Entwicklung, die alles bis dahin Erreichte in den Schatten rückte. Gleichzeitig stellte sie ihr Lebenselement, ihren nahezu unbegrenzten Entwicklungsoptimismus in Frage. Kunststoffe ersetzen etwa zwei Drittel der herkömmlichen Materialien. Laserstrahlen werden für Nachrichten- und Energieübertragung verwendet, es gibt die kontrollierte thermonukleare Kernfusion. Was ist alles geschehen in der Gen- und Gehirnzellenforschung, in der Steuerungs- und Raketentechnik, in Weltraum- und Umweltforschung! In diesem Zusammenhang bekam die These vom unweigerlichen Herannahen des *turning point* in unserer Umwelt allgemeine wissenschaftliche und politische Aktualität. Und zu alldem gewannen wir neue Erkenntnisse über die Begrenzung unseres Lebensraumes über die Grenzen, die unseren Ressourcen, der Erzeugung von Energie, Lebensmitteln und Rohstoffen gesetzt sind. Ursprünglich gab man auf alle sich stellenden Fragen die einfachste aller möglichen Antworten: das Wirtschaftswachstum sei schuld. Und alle Vorstellungen in dieser Richtung kulminierten im ominösen Nullwachstum. Eines hat sich in dieser Zeit abermals gezeigt: daß die einfachste Antwort – so bestechend sie war – die falscheste ist. Es ergab sich, daß das Problembewußtsein sich rascher entwickeln konnte als unsere Fähigkeit, Antwort darauf zu geben, was aus ›unserer Welt‹ werden soll. Und so erhebt sich vor uns aufs neue die Frage nach der Weltanschauung, und sie wirft einen breiten Schatten auf den Weg der Sozialdemokratie in die Zukunft. Will die Sozialdemokratie die große gesellschaftsreformierende Kraft bleiben, muß sie diesen Anspruch durch ein viel deutlicheres Problembewußtsein rechtfertigen, muß sie abermals Menschen um sich versammeln, nicht aus einem Land, sondern aus mehreren, nicht nur Sozialdemokraten der Parteizugehörigkeit nach, sondern soziale Demokraten der Gesinnung nach. Menschen, die ihr durch ihre Erkenntnisse helfen, sich dort, wo sie sich allzusehr verstrickt zu haben scheint, aus der Politik des Alltags zu lösen, das aber gleichzeitig mit jenem kritischen Bewußtsein zu tun, das verhindert, daß die Probleme durch allgemeine und nicht verpflichtende Formulierungen verwässert werden. Für alles das braucht man keine jahrelange Vorbereitung, das alles wird täglich gedacht, wird täglich analysiert, versucht man täglich zu beantworten. Es kommt auf die organisierte und konzentrierte Sachkenntnis an. Die Menschen, die heute Fragen stellen, müssen nicht nur das Gefühl bekommen, sondern die Gewißheit erlangen, daß wir uns um eine Antwort bemühen und nicht aus Angst, weil wir die richtige nicht wissen, bereit wären, eine zu geben, die keine ist. Die Gesellschaft, in der wir leben, muß in Frage gestellt werden, ohne das, was an großen politischen Errungenschaften in ihr enthalten ist, über Bord zu werfen. Es scheint mir also nicht darum zu gehen, auf alles eine Antwort zu wissen oder eine geben zu wollen, sondern sich um eine zu bemühen, die dann eben Gegenstand der politischen Auseinandersetzung wird. Denn auf die muß es uns letzten Endes ankommen.

Ich weiß, das ist ein durchaus unbefriedigender Beitrag, er scheint konturlos zu sein, aber die Horizonte, die es einmal gab, haben sich verschoben, und der Bogen der Politik spannt sich eben vom Kampf um den gerechten Arbeitsertrag über den Platz des einzelnen in der Gesellschaft bis hin zur Frage nach dem Überleben des Menschengeschlechts. Und die Zeit scheint kurz bemessen zu sein. Werden unsere Ideen diese Größe haben, werden sie uns auch die geistigen Voraussetzungen bieten, die uns erlauben, Bekenner und Zweifler in einem zu sein? Ein Vorteil unseres Briefwechsels scheint mir unter anderem der zu sein, daß wir Probleme aufwerfen, und so möchte ich eben noch auf einen Gedanken kommen, der mit zu denen gehört, die wir neu durchdenken müssen. Viele glauben, daß die Sozialistische Internationale durch Beschluß angebe, welche Partei im Besitz der reinen Lehre sei. Wir stellten sozusagen Kriterien auf dafür, was demokratischer Sozialismus sei, und gingen von einem starren Demokratie-Modell aus.

Die Demokratie in Europa hatte in ihrer sehr differenzierten Entwicklung manchmal sogar weltweit spürbare Rückschläge aufzuweisen – etwa in Italien, in Deutschland, in Österreich. Nicht überall hat sich die Demokratie so ruhig und folgerichtig entwickelt wie die britische und die skandinavische.

Es gibt daneben Diktaturen mit mehreren Parteien. So haben einige kommunistische Staaten nominell verschiedene Parteien, und auf anderen Kontinenten gibt es Länder mit nur einer zugelassenen Partei; innerhalb dieser Partei aber entfalten sich Richtungen und soziale Gruppierungen, und aus ihrem Widerstreit kann sehr wohl eine demokratische Entwicklung resultieren. Denn das scheint mir das Kriterium der Demokratie zu sein, daß es Richtungen, soziale Gruppierungen gibt, zwischen denen die Auseinandersetzung um Staat und Gesellschaft stattfindet.

Spätestens seit dem Tode Allendes, für manche schon viel früher, scheint es zweifelhaft, ob die Massen in Lateinamerika und in anderen Regionen, wo soziales Unrecht neben grenzenlosem Reichtum und extrem entwickelten Plutokratien besteht, zu jener geschichtlichen Geduldsprobe bereit und fähig sind, die eine demokratische Entwicklung erfordert. Um es ganz klar und deutlich zu sagen: Es kann in manchen Staaten Asiens, Afrikas und Lateinamerikas Volksbewegungen geben, die durchaus Gesprächspartner sozialdemokratischer Parteien sein können, ohne daß wir deshalb an sie die strengen Maßstäbe anlegten, die in unseren Satzungen enthalten sind. Allein zu prüfen wäre doch hier, ob in einem Land die Voraussetzungen für die Demokratie gegeben sind, inwieweit in einem Land ein Regime sich mit Methoden behauptet, die zu tolerieren wir nicht bereit sind, die unseren demokratischen Grundanschauungen widersprechen. Ich glaube, daß wir uns diese aufgeschlossene Haltung grundsätzlich zu eigen machen müßten, wenn wir in lebendigem Kontakt mit der Entwicklung in anderen Kontinenten bleiben wollen.

Für uns ist ein immer höheres Maß an Demokratie, an Demokratisierung der Gesellschaft der Inbegriff unserer politischen Zielsetzung. In Afrika, Asien und Lateinamerika aber gibt es Entwicklungen, die weit unterhalb der politischen Demokratie beginnen, Länder, in denen die politische Demokratie nicht unbedingt die erste Phase der Demokratisierung der Gesellschaft darstellt. Auch wenn wir das alles einbeziehen, muß eines maßgebende Richtlinie bleiben: Daß Sozialdemokraten sich nicht mit Kräften des Terrors und der Gewalt assoziieren können, die alles das ignorieren, was uns wesentlich für das Zusammenleben der Menschen in der Gesellschaft erscheint.

Herzliche Grüße                                         B. K.

# Gespräch in Wien am 25. Mai 1975

*Auf Einladung von Bruno Kreisky trafen die drei Parteivorsitzenden am 24. und 25. Mai erneut zu einem Meinungsaustausch zusammen. Ein Teil des Gesprächs, das einige im Zusammenhang mit diesem Briefwechsel stehende Fragen behandelte, wurde festgehalten.*

WILLY BRANDT  Bruno hat in seinem letzten Brief die Befürchtung geäußert, ein weltweiter wirtschaftlicher Zusammenbruch könne nicht mehr mit Sicherheit ausgeschlossen werden. Wir sollten uns heute über die Veränderungen unterhalten, die seit Ende 1973 eingetreten sind. Die Frage ist: Wie beurteilen wir als Sozialdemokraten die zutage getretenen Strukturveränderungen? Welche Schlüsse ziehen wir daraus? Und was sagen wir zur These von der internationalen Krise des Kapitalismus?

OLOF PALME  Sicher gibt es zur Zeit eine Krise des kapitalistischen Systems, zahlreiche Grundwerte dieser kapitalistischen Gesellschaft werden in Frage gestellt. Viele lehnen den Kapitalismus moralisch und ideologisch rundheraus ab. Viele werden unruhig, haben nur noch Angst. Dann besteht die Gefahr, daß diese Angst zu einer Art faschistoider Entwicklung führt. Gewissermaßen leben wir Sozialisten ja in einer Symbiose mit dem Kapitalismus. Die Arbeiterbewegung ist als Antwort auf den Kapitalismus entstanden. Seit nunmehr über 100 Jahren hat man sich um die Probleme der Verteilung und der Macht usw. gestritten. Aber in bestimmten Fragen hat man das gleiche gewollt wie der Kapitalismus: den industriellen Ausbau, weil Industrialisierung Arbeit schafft, effektivere Produktionsformen, weil das Wohlstand schafft. Man hat also die Infrastruktur der Industriegesellschaft gewollt. Die derzeitige Krise des Kapitalismus ist zugleich eine Krise der Industriegesellschaft. Und es ist unsere Aufgabe, die Industriegesellschaft zu retten.

Bruno Kreisky   Das hat man schon in den dreißiger Jahren gesagt.

Olof Palme   Heute aber müssen wir die Industriegesellschaft nicht nur verteidigen, sondern sie auch fortentwickeln und vertiefen. Auch wenn man den Kapitalismus abschaffte, bliebe ja die Industriegesellschaft bestehen, allerdings mit veränderten Eigentumsverhältnissen. Genauso wie die Industriegesellschaft in den kommunistischen Staaten fortbesteht. Ich meine, wir können diese Gesellschaft, die uns aus der Armut herausgeholfen hat, nicht kurzerhand abtun. Wir müssen sie jedoch hinter uns lassen, sie konstruktiv weiterentwickeln. Für die Zukunft, für die junge Generation ist das entscheidend.
Worum geht es? Nehmen wir das Beispiel Energiepolitik. Wir wissen, ohne Energie kann diese Industriegesellschaft nicht existieren. Da wurde nun seit langem die Energieversorgung geplant, meistens von privaten Gesellschaften. Und das ist auch lange ohne größere Schwierigkeiten gutgegangen. Neu an der heutigen Situation ist: Zum einen besteht Mangel an Energie, zum anderen weiß man, daß der Energieverbrauch zahlreiche negative Folgeerscheinungen hat: Umweltverschmutzung, Sicherheitsrisiken, vieles, was die Menschen beängstigt. Deshalb sind wir ja zu dem Schluß gekommen, daß man nicht nur die Energieversorgung planen muß, sondern auch den Energieverbrauch. Das geht nur durch langfristige Planung.
Es genügt aber nicht, wenn man die besten Sachverständigen heranzieht und sie beauftragt, einen Plan zu entwerfen. Die Planung muß vielmehr unter demokratischer Kontrolle und unter aktiver Teilnahme der Bevölkerung stattfinden. Sie muß öffentlich zur Diskussion gestellt werden. In der öffentlichen Diskussion werden dann aber häufig die widersprüchlichsten Ansichten und Forderungen vorgebracht. Hier spielen die sogenannten Meinungsmacher eine erhebliche Rolle. Manchmal kommen sie mir wie Spatzen vor, die auf einem Telegraphenmast sitzen und das Für und Wider eines Problems diskutieren. Dann fliegt der ganze Spatzenschwarm zum nächsten Telegraphenmast und diskutiert das nächste Problem. Das geht so lange, daß es dem einzelnen kaum noch möglich ist, sich ein klares Bild zu machen.

Und deshalb haben wir uns in Schweden gesagt: Die Menschen müssen von einem Gesamtbild ausgehen, wenn sie zu den Problemen Stellung nehmen sollen. So haben allein in der schwedischen Arbeiterbewegung 45 000 Personen in Zehnergruppen Abend für Abend diskutiert und Fragebogen ausgefüllt. Das Ergebnis war relativ eindeutig: Es wurde empfohlen, beim Energieverbrauch strikte Zurückhaltung zu üben und jede Erhöhung so zu dosieren, wie es zur Sicherung von Beschäftigung und Wohlstand erforderlich ist. Das würde einen vorsichtigen Ausbau von Wasser- und Kernenergie bedeuten. In diesem speziellen Fall ging es um Energiepolitik. Grundsätzlich wichtig dabei aber war, daß wir versuchten, eine langfristige Planung unter aktiver Beteiligung der Bevölkerung zu formulieren. Es reicht nicht mehr, nur die Experten, das Kapital und den Markt zu mobilisieren; man muß vor allem die Menschen aktivieren. Denn es gilt, durch demokratische Methoden Vertrauen für die Industriegesellschaft zu schaffen. Das könnte den Kapitalisten kaum gelingen, vielleicht aber uns.
Die alte Parole ›Abschaffung des Kapitalismus‹ ist an und für sich gar nicht mehr sonderlich interessant. Es läßt sich nichts so leicht sagen wie: »Schaffen wir den Kapitalismus ab.« Interessant und wichtig ist, daß der Kapitalismus die Probleme nicht lösen kann. Das müssen wir durch die Gesellschaft und mit den Menschen tun. Das bedeutet allerdings, daß die Macht des Kapitalismus abgebaut wird. Wenn man vor zehn Jahren über Planung oder Planwirtschaft diskutierte, hatte man alle Konservativen gegen sich. Wenn wir jedoch heute sagen, wir müssen planen, was Umwelt, was Energie, was Nutzung der Naturvorräte angeht, werden wir fast einhellige Zustimmung ernten. Wir leben in einer Schwächeperiode des Kapitalismus. Schlimmstenfalls kann das zum Verfall der Industriegesellschaft führen. Da wir aber auch von ihr abhängig sind, müssen wir die Industriegesellschaft entwickeln. Und zwar dadurch, daß wir die Machtverhältnisse in der Gesellschaft verändern und durch praktische Arbeit Vertrauen schaffen in die Fähigkeit der Industriegesellschaft, ihre Probleme zu lösen.
Unter eben diesem Gesichtspunkt legen wir auch in unserem neuen Parteiprogramm so großes Gewicht auf die ökonomische Demokratie, sowohl durch planmäßiges Haushalten unter

demokratischer Kontrolle als auch durch Demokratie am Arbeitsplatz. Denn Demokratie ist nicht nur ein absoluter Wert, sondern auch der einzig mögliche Weg, die Probleme der Industriegesellschaft zu lösen.

BRUNO KREISKY  Es ist sehr interessant, wie eine ähnliche historische Situation zu ähnlichen Schlüssen führt. Eine der umstrittensten Reden der deutschen und der österreichischen Sozialdemokratie war die, die Fritz Tarnow auf einem Parteitag der deutschen Sozialdemokraten gehalten hat.

WILLY BRANDT  Das war der Leipziger Parteitag im Jahre 1931.

BRUNO KREISKY  Eine Rede, die in die Geschichte eingegangen ist: »Der Arzt am Krankenbett des Kapitalismus.« Eine Rede, die zwar heftig von allen Linken bekämpft wurde, die aber deshalb nicht weniger zutreffend war. Er versuchte zu zeigen, daß die Industriegesellschaft, wie du, Olof, jetzt sagst, wertneutral ist. Der Kapitalismus sei nicht imstande, die Probleme der Industriegesellschaft zu lösen. Also müsse das die Sozialdemokratie tun. Solange alles glatt lief, hat man für diese kapitalistische Ordnung den Ausdruck soziale Marktwirtschaft gefunden, und die sozialdemokratischen Parteien hatten es überaus eilig, sich auch unter dieses Dach der sozialen Marktwirtschaft zu flüchten und zu sagen: Wir wollen eigentlich das gleiche, nur besser. Eben weil in dieser Zeit ein Entideologisierungsprozeß stattgefunden hat, halte ich das, was wir hier diskutieren, für wichtig. Ich halte dieses ganze Infragestellen der Gesellschaftsordnung auch für einen richtigen Ansatzpunkt. Die Frage ist nur, wie glaubwürdig wir dabei bleiben.
Aphoristisch formuliert: So, wie es für Harold Wilson die Gnome von Zürich waren, die ihm das Pfund ruiniert haben, so sage ich, wenn wir Wirtschaftspolitik von Bankdirektoren machen lassen, kann man nicht glaubwürdig sein! Wir müssen, glaube ich, jetzt, da die Leute an der Überlegenheit unserer Wirtschaftsordnung zu zweifeln beginnen, eine Antwort geben. Wir müssen den Menschen ein neues Sicherheitsgefühl vermitteln, ein progressives, nicht dieses konservative.

WILLY BRANDT Manche Probleme, über die wir jetzt reden, blieben mehr theoretischer Art, solange es, von kleineren Schwankungen abgesehen, eine expansive Entwicklung gab. Mehr zufällig abgeschlossen durch das, was wir Ölpreiskrise nennen. Es fällt in etwa zusammen mit diesem Zeitpunkt 1973, wenn man die Länder insgesamt nimmt. Jetzt stellen sich viele Fragen neu, was den Kapitalismus anbelangt. Allerdings, ob man das, was wir heute haben, noch als den gleichen Kapitalismus sieht, der mal beschrieben worden ist, das ist eher zu bezweifeln, es ist jedenfalls eine besondere Frage.
In jedem Falle sehen Sozialdemokraten vieles anders als die Sozialisten im vorigen Jahrhundert. Heute, so glaube ich zumindest, sind unsere Parteien der Meinung, der Eigentumstitel – und nicht erst seit heute, das hat sich in den letzten Jahrzehnten durchgesetzt – spiele nicht mehr die zentrale Rolle, die ihm unsere sogenannten Klassiker zuwiesen. Wir haben in unseren Parteien in den zurückliegenden Jahren gesagt, wir wollten die Marktkräfte sich entfalten lassen, dort, wo sie sich vernünftigerweise entfalten könnten zum Wohle der Menschen, für die gewirtschaftet wird. Wir wollten, daß die öffentliche Hand für die Gesamtheit dort planend eingreife, wo dies erforderlich sei. Oder, wie wir in unserem Grundsatzprogramm sagten: Wettbewerb soweit wie möglich. Planung soweit wie nötig. Das war damals leichter gesagt als jetzt, da es praktiziert werden muß, in einer Zeit, in der wir wahrscheinlich für eine Reihe von Jahren nur mit geringen Wachstumsraten rechnen können. Das eine oder andere Land lebt in diesem Jahr 1975 mit einem Negativwachstum, andere werden mit plus minus Null durchkommen, auch wenn sie sich ein etwas besseres Ergebnis erhofften. Da wird nun die Frage der planenden Komponenten wichtiger. Bloß, sind wir weit genug? Wie steht es zum Beispiel mit den Instrumenten?

BRUNO KREISKY Wir verfügen heute – so sagt man – über ein hervorragendes Instrumentarium im Unterschied zu den dreißiger Jahren. Wir registrieren früher, wir sind früher informiert, wir können früher eingreifen.
Ich erinnere noch einmal an den Streit der amerikanischen Ökonomen 1929, ob der wirtschaftliche Einbruch im Frühjahr

oder erst im Herbst 1930 vorüber sein werde. Daraus entstand die erste Krise des Kapitalismus. Nur ein Bankier hat merkwürdigerweise damals gesagt: Das ist die Krise des Kapitalismus. Ich empfinde also ein begreifliches Unbehagen, wenn ich die sogenannten Fachleute höre. Immer wenn man fragt, was veranlaßt sie zu dieser negativen oder zu dieser positiven Prognose, so gibt es eigentlich für das eine wie für das andere nur sehr wenige Anhaltspunkte.

Die Menschen werden sich der Unfähigkeit dieser Gesellschaftsordnung, Probleme zu lösen, erst bewußt, wenn sie es unmittelbar am eigenen Leib spüren. Und in einer solchen Situation muß man sich rechtzeitig freimachen von dem Glauben an die in der kapitalistischen Ordnung wirkenden Kräfte. Ich behaupte: Es waren niemals die im Kapitalismus wirkenden Kräfte, die Krisen überwanden. Diesmal müßten wir meiner Meinung nach, sofern wir das erforderliche Instrumentarium haben, es auch einsetzen, müßte der entscheidende Anstoß aus der politischen Verantwortung der Sozialdemokratie kommen. Bei der letzten Weltwirtschaftskrise hatten wir nicht soviel politische Verantwortung wie heute, wo wir in fast allen europäischen Staaten irgendwie in der Regierung sitzen. Wenn wir jetzt nicht den zündenden Funken auslösen, sondern warten, dann wird das sehr, sehr lange dauern, fürchte ich. Also machen wir uns zu Wortführern einer Bewegung, die sagt: Wir diskutieren nicht darüber, ob die Entwicklung so verlaufen wird wie seinerzeit, das interessiert uns nicht. Wir handeln, wir ergreifen die Maßnahmen, die uns notwendig erscheinen.

Und wir müßten jetzt eine Reihe solcher Maßnahmen finden. Dazu gehört eine überdimensionierte Verschuldung des Staates. Sie müßte kurzfristig aufgebaut sein, so daß sie nur immer für ein, für ein halbes Jahr oder für ein dreiviertel Jahr gilt. Ferner wäre eine Riesenanstrengung für die Entwicklungsländer zu unternehmen, was ja auch politisch in unser Konzept paßt. Auch das wäre wiederum nur durch eine Verschuldung des Staates möglich, jedenfalls eine verstärkte Entwicklungshilfe. Und weiter würde ich sagen: Jetzt muß eben für öffentliche Aufgaben investiert werden, wenn die Pferde nicht saufen. Jetzt werden wir in die Gesellschaft investieren. Wir haben heute die Möglichkeit, das mit ein paar Milliarden zu tun. Unternehmen muß man unbedingt etwas. Und damit beantwortet sich auch die Frage: Soll man jetzt Reformen machen? Gerade jetzt muß man Reformen machen. Es kommt nur darauf an, welche. Wenn wir jetzt die Sozialpolitik sehr ausbauen, können wir das wahrscheinlich gar nicht finanzieren. Also muß man den Mut haben und sagen, es gibt keine neue Sozialpolitik, solange wir sie nicht finanzieren können. Hingegen gibt es Reformen im Umweltbereich, gibt es Reformen in Dutzenden von Bereichen.

WILLY BRANDT Eine Randbemerkung zu dem, was du über Sozialpolitik sagst: Ich glaube, das ist richtig. Mit der einen Ergänzung: Wenn es wahr ist, daß wir, wenn auch hoffentlich nicht mit Nullwachstum über mehrere Jahre, aber doch mit geringen Zuwachsraten rechnen müssen, dann wird nicht nur der Verteilungskampf in den Gesellschaften und zwischen den ökonomischen Einheiten in der Welt allgemein noch schwieriger, sondern dann werden soziale Maßnahmen für Randgruppen wohl dringender und sogar eine zunehmende Rolle spielen, auch wenn man für das allgemeine System der sozialen Sicherheit nicht sehr viel mehr Mittel wird aufbringen können. Weil Randgruppen bisher doch nur zum Teil durch die generellen Regelungen der sozialen Sicherheit erfaßt worden sind. Aber ganz besonders wird uns das Thema Arbeitslosigkeit beschäftigen. Und das der Preissteigerungen.

OLOF PALME Fragen der Arbeitslosigkeit und Preissteigerungen werden uns die nächsten Jahre in erheblichem Umfang beschäftigen. Bei den inflationären Erscheinungen meine ich, daß ein oder zwei Prozent mehr oder weniger nicht die entscheidende Rolle spielen. Langfristig wichtiger ist die Frage der Beschäftigung. Das geht vor allem uns Sozialdemokraten an. Weil der Eindruck entstehen kann, daß Sozialdemokraten auf einen Kern ihrer Programmatik verzichten: daß die Menschen arbeiten wollen und daß die Arbeit im Mittelpunkt ihres Lebens steht. Und es wird auf die Dauer nicht helfen, ihnen zu sagen: Wenn du auch keine Arbeit hast, wirst du doch ein gutes Auskommen haben, so daß du trotzdem anständig leben kannst. Das akzeptiert der Mensch für kürzere Zeit. Das kann jedem passieren. Aber wenn ich für längere Zeit gänzlich aus dem Arbeitsprozeß ausgeschaltet bin, beeinflußt das mein Selbstvertrauen und meine Persönlichkeit, die ganze Atmosphäre in der Gesellschaft. Es gilt deshalb, durch eine vernünftige Wirtschaftspolitik, den Menschen Arbeit zu geben. Das ist eine der Hauptaufgaben sozialdemokratischer Politik in der Krise.

BRUNO KREISKY   Darf ich dazu etwas sagen? Das Problem der Krise ist nicht nur ein wirtschaftliches. Es hat sicher auch wirtschaftliche Ursachen. Vor allem aber ist es ein psychologisches, ein politisches Problem. Die Arbeitslosigkeit ist ein so gravierender Zustand, daß er gesellschaftlich zu einer politischen Katastrophe werden kann. Ähnlich, wie wir sie erlebt haben. Die Konsequenzen sind sehr gefährlich.

Gerade weil wir Sozialdemokraten zum Problem der Arbeit eine besondere Grundeinstellung haben; gerade weil das der zentrale Wert für die Würde der Persönlichkeit und für alles andere ist; weil es richtig ist, was man in Schweden in den dreißiger Jahren gesagt hat: »Wir sind nicht reich genug, um Arbeitslosigkeit zu tolerieren«; gerade deshalb müssen wir ein halbes oder ein Jahr vor einer möglichen Krisenentwicklung sagen, was Sozialdemokraten tun, um einer solchen Entwicklung vorzubeugen. Und da glaube ich nun, das können nicht allein die Volkswirtschaftler beantworten. Die Frage, wieviel Haushaltsdefizite sich ein Staat politisch leisten kann, ist keine wirtschaftliche, sondern eine Frage der politischen Beurteilung.

Ich frage mich nur eines: Wir sind bereit, uns für Zwecke der Rüstung und des Krieges gigantisch zu verschulden. Das haben die letzten Kriege auch in den neutralen Ländern gezeigt. Was sollte es für Hinderungsgründe geben, sich zur Vermeidung einer Krise ebenfalls zu verschulden? Je früher wir uns dazu entschließen, desto weniger groß wird die Verschuldung sein. Desto eher werden wir sie zu einem Teil verhindern können. Dann kommen weitere Fragen: Wofür verwendet man das Geld? Wie verwendet man es? Wie macht man es wirtschaftlich wieder nutzbar?

**Willy Brandt** Das sind in der Tat gewichtige Fragen. Auch dann, wenn man die große internationale Krise für weniger wahrscheinlich hält und eher davon ausgeht, daß die schwere Rezession in absehbarer Zeit überwunden werden kann. Es bedarf jedenfalls einer möglichst breit angelegten Perspektive sozialdemokratischer Politik.
Wir deutschen Sozialdemokraten stehen seit zwei Jahren in einer vorbereitenden Diskussion über die mittelfristige Orientierung unserer Politik. Beim ›Orientierungsrahmen '85‹ gehen alle wesentlichen Gruppierungen in der Partei von der Überzeugung aus, daß öffentliche Verantwortung in dem vor uns liegenden Jahrzehnt ohne jeden Zweifel sehr viel größer geschrieben werden muß. Die Diskussion ist anspruchsvoll, wenn auch die praktischen Empfehlungen, die gegeben werden, nur zum Teil überzeugen. Zu einem erheblichen Teil geht es, auch bei den Gewerkschaften, um die Zweckmäßigkeit und Praktikabilität von alten und neuen Instrumenten der Wirtschaftspolitik. Also auch darum, ob und wie Investitionen durch direkte bzw. indirekte Lenkung und Kontrolle beeinflußt werden sollen. Die damit verbundenen Schwierigkeiten sind nicht so neu, wie mancher glaubt. Auch bei uns ist schon in der Vergangenheit in vielfältiger Weise in die Wirtschaftsstrukturen eingegriffen worden. Die Frage ist, ob die vorhandenen Instrumente ausreichen. Was wir jedenfalls nicht brauchen können, ist eine fortlaufende Sozialisierung von Verlusten bei unverminderter Privatisierung der Gewinne. Wie gesagt, die Notwendigkeit der wachsenden öffentlichen Verantwortung für einen sinnvollen wirtschaftlichen Strukturwandel ist über die ganz aktuellen Probleme hinaus ein zentrales Thema geworden, mit dem wir uns zunehmend befassen.
Ich möchte noch einige Bemerkungen machen über die Beziehungen zwischen allgemeiner Politik und Wirtschaftspolitik.
Erstens: Bruno hat eben die Rüstungspolitik angetippt. Ich meine, wir müssen alles tun, um die Rüstungen so weit unter Kontrolle zu halten, daß es nicht zu einer Katastrophe kommt. Aber wir Sozialdemokraten müssen die Frage der Rüstungsminderung auch als eine Frage der vernünftigen Verwendung von Ressourcen sehen und ins öffentliche Bewußtsein rücken.
Zweitens: Wir müssen uns aktiver einschalten in das Verhältnis

von Rohstoffproduzenten und Rohstoffverbrauchern. Auch, weil unsere inländische Entwicklung in hohem Maße von den neuen Relationen zwischen Rohstoffpreisen und Preisen von Industriegütern abhängt.

Drittens: Bei all unseren Überlegungen dürfen wir die Sowjetunion und Osteuropa nicht übersehen. Bei den Rohstoffen, glaube ich, liegt es auf der Hand, aber es gilt auch für andere Fragen des Welthandels. Ich bin in diesem Zusammenhang dafür – ohne Verwischung sonstiger Unterschiede –, die sogenannten sozialistischen Länder für mehr Zusammenarbeit zu gewinnen. Ich glaube, das liegt in ihrem wohlverstandenen Interesse, aber auch in unserem. Wir dürfen jedenfalls nicht so tun, als ob diese Länder, vor allem die Sowjetunion, nicht bereits ein Faktor in der internationalen Ökonomie wären.

BRUNO KREISKY Zur Zusammenarbeit Ost/West: Beginnen wir beim Energieproblem. Der europäische Osten ist heute bereits der größte europäische Energielieferant für den europäischen Westen. Gas aus der Sowjetunion, Kohle aus Polen. Laßt uns das einmal ganz systematisch angehen und uns ein europäisches Verbundnetz schaffen, woran wir zum Beispiel mit den Polen arbeiten und ihr in der Bundesrepublik auch. Wenn wir das erreichen, haben wir innerhalb von zwei Jahren eine Integrationsaufgabe erfüllt, die nicht so zufällig ist wie der Warenverkehr zwischen dem Osten und dem Westen.

Und von da aus sehe ich dann einen zweiten Weg: Die Sowjetunion möchte genau so wenig wie wir diese hohen Rüstungsausgaben tragen. Sie will zweitens aber auch nicht allein ihre gesamte Entwicklungsarbeit finanzieren. Hier könnte man ebenfalls ganz konkrete Vorschläge machen, von denen ich weiß, daß sie manche der zum Ostblock gehörenden Staaten sofort aufgreifen würde: Polen, Bulgarien, Rumänien. Das halte ich für durchaus möglich und auch für realisierbar innerhalb kurzer Zeit.

WILLY BRANDT Fußnote: Wir sind dabei, mit der Sowjetunion auch auf dem Gebiet der Kernenergie ein größeres Projekt in Gang zu setzen. Mich beschäftigt seit vielen Jahren die Perspektive eines gesamteuropäischen Stromverbunds. Die Ost/West-

Achse ist eine Komponente. Etwas anderes sollte uns darüber hinaus beschäftigen: Ich meine nicht nur die Beziehungen zwischen Rohstoffproduzenten und Rohstoffverbrauchern, sondern auch das Verhältnis von diesen zu den Habenichtsen, also den Entwicklungsländern, die nicht einmal über Rohstoffe verfügen.

OLOF PALME  Die rohstoffproduzierenden Länder wissen, daß sie ihren Lebensstandard nur durch Industrialisierung heben können. Und diese industrielle Entwicklung wollen sie durch eine Zusammenarbeit mit dem Westen erreichen. Die Bedingungen sind durch die angehobenen Rohstoffpreise sehr verbessert worden. Ich kenne überhaupt kein Argument, warum wir nicht kräftig bei diesen Bestrebungen mitwirken sollten. Denn es ist ja für den Frieden nur förderlich, wenn diese Staaten etwas erreichen. Und ebenso ist es für die Stabilität unserer Wirtschaft von Vorteil. Mit den anderen Rohstoffproduzenten geht es um die Grundfrage: Sind wir bereit zu einer Politik der Kooperation, oder wollen wir eine Politik der Konfrontation? Ich habe an verschiedenen Konferenzen teilgenommen, auf denen man gegen die rohstoffproduzierenden Länder moralisierte, was mir immer zwecklos erscheint. Man muß doch aus diesem ganzen Konfrontationsdenken herauskommen. Und das ist ja nicht so einfach. Denn es stellt auch Anforderungen an die reichen Länder, zum Beispiel: Wie stehen wir zu den Forderungen nach einer neuen Weltwirtschaftsordnung, die auf der außerordentlichen Vollversammlung der Vereinten Nationen im September 1975 als Hauptfrage zur Diskussion steht? Es ist so leicht zu sagen, dies entspricht nicht unserem Interesse, und jenes entspricht nicht unserem Interesse. Man muß die Gesamtkonzeption sehen. Und obwohl unsere Untersuchungen noch nicht abgeschlossen sind, habe ich den Eindruck, daß das allermeiste von den Vorschlägen der 77 Staaten durchaus akzeptiert werden kann.

WILLY BRANDT  Du meinst jetzt auch die UN-Charta über die ökonomischen Rechte und Pflichten. Davon war bei meinen Besuchen in Mexiko und Caracas viel die Rede.

OLOF PALME   Ja, wir waren fast das einzige Industrieland, das der Charta über die ökonomischen Rechte und Pflichten zugestimmt hat, außer der Resolution, wie man die Entschädigung bei Vergesellschaftungen festsetzen soll. Eine Durchführung dieser Politik verlangt von den reichen Industrieländern gewiß auch Opfer und bewirkt eine Machtverschiebung in der internationalen Gesellschaft zugunsten der Dritten Welt. Ein entscheidendes Problem stellen die Länder dar, die nichts haben. Für diese Länder wird die Entwicklungshilfe auch weiterhin eine große Rolle spielen, obwohl sie in finanzieller Hinsicht zur Zeit leider stark zurückgeht. Zusammenfassend: Ich bin für einen Ost/West-Handel im Klima der Entspannung, für eine Haltung der Kooperation und der Solidarität gegenüber den Rohstoffproduzenten der Dritten Welt, für Hilfe für die Allerschwächsten. Das sollte sozialdemokratische Politik beinhalten. Und wichtig ist natürlich auch eine grundsätzliche politische Stellungnahme zu den Befreiungsbewegungen und zu Fragen der nationalen Unabhängigkeit. Es ist doch selbstverständlich, daß die Befreiungsbewegungen echte, also auch wirtschaftliche Unabhängigkeit anstreben. Sie wollen nicht, daß ihre Rohstoffvorkommen und ihre Industrien von ausländischen Interessentengruppen ausgebeutet werden. Hier wird von einer konsequenten sozialdemokratischen Politik Solidarität gefordert.

WILLY BRANDT   Ich habe Verständnis für die Grundhaltung, die von den rohstoffproduzierenden Ländern heute eingenommen wird, wenn auch einiges noch etwas schematisch ist und anderes mit Illusionen verbunden sein mag. Und ich bin dafür, um das ganz deutlich zu sagen, daß sich die Industrieländer zu einer neuen Haltung durchringen.

Ich komme zu einer etwas anderen Beurteilung bei der Entwicklungshilfe. Wahr ist, daß leider die finanziellen Hilfen insgesamt zurückzugehen scheinen, aber dies geschieht in einer Zeit, in der neue Modelle möglich sind. Wir sehen, daß wir in einer Reihe von Ländern technische Hilfe beträchtlich ausbauen können, ohne daß uns dies zusätzliche Mittel abverlangt. Das gilt für jene Länder, die neuerdings viel Geld haben, denen aber das Know-how fehlt. Darüber hinaus gibt es schwache Ansätze für Dreieckskooperationen, die eine ganz neue Dimension eröffnen können: nämlich die Koppelung des technischen Know-how eines Industrielandes mit den Mitteln eines öl- oder rohstoffproduzierenden Landes zugunsten eines dritten, das gar keine Rohstoffbasis hat.

Wir haben dies kürzlich zum Beispiel mit unseren Freunden in Venezuela erörtert, im übrigen auch mit dem einen oder anderen arabischen Staat. Ich glaube, das ist eine Linie, die man weiterverfolgen sollte, wenn man trotz finanziell begrenzter Mittel mehr erreichen will, als bisher erreicht werden konnte.

Ganz dringend brauchen wir weiterhin ein überzeugendes Konzept, um den Hunger in der Welt zu bekämpfen, wenn nicht Millionen von Menschen in den nächsten Jahren einfach zugrunde gehen sollen. Das ist zum einen unsere selbstverständliche mitmenschliche Pflicht. Zum anderen kann ich mir schwer vorstellen, wie unsere eigenen Gesellschaften und die nachwachsende junge Generation heil durchkommen sollen, konfrontiert mit vielen Millionen hungernder Menschen in anderen Teilen der Welt. Wir dürfen es uns nicht erlauben, mit noch so guten humanitären Bemühungen kurzfristig unser Gewissen zu beruhigen. Wir müssen weit über das hinausgelangen, was in Rom auf der Welternährungskonferenz beschlossen worden ist.

BRUNO KREISKY Ich komme zu folgendem Schluß: Die jetzige Entwicklungshilfepolitik, und so soll man sie nennen, denn so war sie gedacht, ist eigentlich gescheitert. Sie hat nicht das gebracht, was man vor ungefähr zehn bis fünfzehn Jahren erwartete. Trotz Aufbietung relativ großer Mittel. Zum zweiten gibt es die positive Entwicklung gegenüber den ölproduzierenden Staaten, die sich selber finanzieren können und die auch entschlossen sind, den anderen zu helfen, aber nur für eine gewisse Zeit. Man sollte sich da keinen Illusionen hingeben. Diese Länder werden in dem Maße, in dem sie industrialisiert werden, anders denken.

Ich unterstreiche das, was Willy gesagt hat. Diese neuen Modelle der Dreieckskooperation, die halte ich für ausbaufähig.

Das zweite, was mir wichtig erschiene, wäre ein europäischer Plan, der durch einen großen Fonds gespeist wird, der ausschließlich gewissen infrastrukturellen Zielen dient.

Ich kann mir vorstellen, daß die Bewässerung und Elektrifizierung Afrikas ein für die europäische Wirtschaft hochinteressantes Vorhaben ist, das sich auch finanzieren läßt. Es muß allerdings dafür ein Teil Konsumverzicht geleistet werden, über eine Art von internationaler Staatsverschuldung. Das könnte man in ein, zwei Jahren in Gang setzen, unter Umständen sogar zusammen mit dem europäischen Osten. Bewässerungsprobleme, Staudämme, Stromtransport, das bewältigt man doch mindestens so gut wie wir, manchmal sogar viel besser. Bei all diesen Dingen glaube ich immer wieder, daß Postulate der Sozialdemokratie zum Gegenstand der praktischen Politik gemacht werden können.

OLOF PALME  Nur müßte dazu eine ähnliche Zusammenarbeit auf der afrikanischen Seite erfolgen. Das ist nicht so einfach.

BRUNO KREISKY  Richtig. Wie wäre es, wenn wir uns entschließen könnten, diese Zusammenarbeit, die wir im politischen Bereich haben, auf den staatlichen auszudehnen? Das wirkt jetzt sehr kühn. Wenn man meint, es gehe so nicht durch, entschließen wir uns, ein deutsch-schwedisch-österreichisches Gemeinschaftsprojekt zu machen, etwa im Bereich der Bewässerung oder des Kraftwerkbaus. Praktisch denke ich mir das so: Die drei Staaten zahlen in einen entsprechenden Fonds ein Prozent ihres Bruttosozialprodukts ein, und damit werden dann solche Projekte finanziert. Stellen wir also fest, daß eine Milliarde Mark benötigt wird, teilen wir diese Summe unter uns auf. Das ist ein Stück Planwirtschaft, zugegeben. Aber ich kann mir gerade heute nicht vorstellen, daß die großen Elektrokonzerne darauf verzichten würden, hier mitzuwirken. Sie arbeiten doch heute schon eng zusammen. Man könnte jedenfalls damit einen Testfall schaffen. Und dann weitere Länder auffordern. Nun noch rasch eine Bemerkung zum Ölpreis. Die größte politische Lüge, die gegenwärtig im Schwange ist, ist die vom Ölpreis. Es ist falsch, immer wieder die Ölländer dafür verantwortlich zu machen, denn gemessen an der Bedeutung dieses Rohstoffes ist der Ölpreis in Wirklichkeit gar nicht hoch. Das behaupte ich immer wieder.

WILLY BRANDT   Daran ist viel Richtiges. Abrupte Erhöhungen bleiben trotzdem ein Übel. Man muß zu neuen Regelungen kommen, die die Interessen beider Seiten berücksichtigen. Sonst werden immer neue wirtschaftsstrukturelle Schwierigkeiten produziert. Brunos Vorschlag ist interessant. Wir sollten ihn prüfen lassen. Allerdings kann man, was die Bundesrepublik angeht, die Assoziationsregelungen zwischen den afrikanischen Staaten und der Europäischen Gemeinschaft nicht außer Betracht lassen.

OLOF PALME   Wir haben bisher auf recht bescheidenem Niveau gearbeitet. Die ganz großen Projekte haben andere gemacht, wie zum Beispiel Assuan oder Cabora Bassa. Aber an und für sich erscheint mir der Vorschlag sehr interessant.

WILLY BRANDT   Wir sollten nicht auseinandergehen, ohne unsere Meinungen dazu festzuhalten, wie die Kooperation zwischen Sozialdemokraten und in etwa gleichgerichteten Kräften in verschiedenen Teilen der Welt verbessert werden kann. Unsere Internationale ist dazu nur sehr bedingt in der Lage. Wir brauchen keine schematische, sondern eine elastische Zusammenarbeit mit Kräften in anderen Teilen der Welt, die natürlich ihre eigenen Voraussetzungen haben, aber mit denen es Berührungspunkte gibt. Die europäischen Sozialdemokraten insgesamt und vor allem die starken Parteien müssen dies in einer praktischeren Form angehen. Zum Teil geschieht das ja auch schon bilateral.
Also nehmen wir einmal das Beispiel Zentralamerika. Da gibt es mehrere Länder mit Parteien, die dem sehr nahekommen, was wir demokratischen Sozialismus nennen. Aber sie passen nicht in so einen starren, ja stark traditionsbestimmten Rahmen wie die Internationale. Also müßte man eine Form finden, um zwischen unseren Parteien und einer Gruppierung von Parteien dort zu einem Meinungsaustausch zu kommen. Man könnte und müßte über grundsätzliche Fragen, aber auch über ganz praktische Themen reden. Die Doktrin der Internationale erschwert zum Beispiel den Kontakt mit den Parteien vieler Länder – wie etwa Schwarzafrikas –, weil ihre insoweit richtigen Grundsätze nicht mit dem Phänomen der Monopolparteien zu vereinbaren sind.

BRUNO KREISKY   Marokko hat viele Parteien.

WILLY BRANDT   Aber es gibt zahlreiche andere Länder mit Einparteiensystem. Und nun existieren dort oft Gliederungen innerhalb ein und derselben Partei, von denen man sagen kann, sie könnten woanders auch in unterschiedlichen Parteien organisiert sein. Warum also nicht befreundete Kräfte, sozialistisch sich empfindende und tatsächlich so eingestellte Parteien oder Parteigruppierungen in Afrika dazu bringen, daß sie allein oder in einer Gruppierung mit den sozialdemokratischen und sozialistischen Parteien in Europa nicht nur ad hoc, sondern mit einer gewissen Regelmäßigkeit zusammenarbeiten? Ähnliches gilt für die arabische Welt. Man sollte einen Informationsaustausch einleiten, eine Zusammenarbeit in lockerer Form.

BRUNO KREISKY   Man muß sich in die Lage unserer arabischen Freunde versetzen. Für sie gibt es auf der einen Seite die Kommunisten, auf der anderen die Amerikaner. Wenn wir als Europäer, das heißt als europäische Sozialdemokraten, ihnen Kooperation anbieten, werden sie diese Chance nicht ausschlagen. Das ist meine feste Überzeugung. Denn es ist ja für sie wichtig, auch für ihre politische Entwicklung. Das wäre eine wirkliche Aufgabe, die die Konservativen gar nicht übernehmen könnten.

OLOF PALME   Grundsätzlich müssen wir aber bei all diesen Parteien berücksichtigen, daß unsere Politik auch ihre nationalen Forderungen einbezieht. Das gilt nicht nur für die arabischen Staaten, sondern für die Dritte Welt insgesamt. Wenn wir solche Kontakte haben wollen, müssen wir Befreiungsbewegungen unterstützen können. Wir müssen akzeptieren, daß sie ihre nationale Unabhängigkeit anstreben. Wir müssen ebenso akzeptieren, daß sie die ökonomische Macht in ihren eigenen Ländern übernehmen und international eine größere Rolle spielen wollen.

WILLY BRANDT   Ich möchte zu bedenken geben, daß wir unsere internationale Arbeit um eine wesentliche Komponente erweitern sollten. Wir haben die Sozialistische Internationale, deren vermittelnde und anregende Aktivitäten zweifellos verbessert werden könnten. Dabei haben sich die Konferenzen der Parteivorsitzenden recht gut bewährt. Wir haben die besonderen Formen unserer westeuropäischen Zusammenarbeit, die nicht auf die Länder der Gemeinschaft beschränkt bleiben sollte und erheblich angereichert werden muß, wenn sie dem heutigen Einfluß unserer Parteien in den einzelnen Ländern einigermaßen entsprechen soll.

Was wir aber zusätzlich brauchen, ist so etwas wie ein internationales Kontaktbüro, das auf unserer Seite, auch um Kosten zu sparen, personell mit der Internationale verbunden sein könnte. Dieses Kontaktbüro sollte den Informationsaustausch und die Zusammenkünfte mit solchen Parteien und Gruppierungen organisieren, über die wir eben gesprochen haben. Dazu gehören natürlich auch Gruppierungen in Asien und nicht zuletzt in den Vereinigten Staaten, und zwar solche, die uns nahestehen und die doch in einen durch die europäischen Sozialdemokraten geprägten Rahmen nicht leicht hineinpassen. Wir müssen flexibel genug sein, um den Meinungsaustausch mit diesen Kräften so zu führen, daß die Unterschiede von Programmaussage und politischer Struktur nicht verwischt werden und doch Felder gemeinsamen Handelns abgesteckt werden können – eine Aufgabe aller europäischen Sozialdemokraten.